시어도어,
그리고

밑그림 휴먼 라이브러리 01

산티아고, 걷다

지은이	Zoe
초판 1쇄	2020년 3월 1일
발행인	김윤실, 김윤미
편집, 교정	황희연
디자인	디자인色
인쇄	공간코퍼레이션

펴낸곳	밑그림문화사
주소	서울시 강서구 화곡로 68길 115 101동 901호
전화번호	+82 2 6677 1017
이메일	meetgrim7@gmail.com
등록	2019년 5월 23일 · 제 2019-000054호
ISBN	979-11-969597-0-8

사랑이라고, 기다림

글·그림 Zoe

산티아고 순례길

France

Bayonne

Cantabria

País Vasco

ST. Jean Pied Port
Orison
Roncesvalles

Estella
Pamplona

Los Arcos

el Real Camino
Carrión de los Condes   Burgos   Tosantos   Grañón
Castrojeriz   Azofra   Navarrete
Y León   La Rioja

Viana

Navarra

차례

프롤로그	산티아고에는 아무것도 없었다. 그래서 모든 게 비워졌다	···09
아기레	〈아무르〉, 사랑하는 사람과 함께 늙어간다는 것	···16
프란시스카	〈프란시스 하〉, 존재만으로 든든한 친구	···24
버니	〈먹고 기도하고 사랑하라〉, 타인을 위한 기도	···35
데이나와 버취	〈와일드〉, 자랑스러운 딸이 된다는 것	···43
글렌	〈소년, 소녀 그리고 바다〉, 진정한 어른	···54
미경, 마리아, 안토니오, 알베르트	〈와인 미라클〉, 포도밭의 주인이 되느냐 일꾼이 되느냐, 그것이 문제로다	···60
현수 언니	〈토니 에드만〉, 유머 감각을 되찾기를	···71
아나	〈버드맨〉, 독수리처럼 비상한다	···79
산타마리아 성당 수녀님들	〈라라랜드〉, 위로의 노래	···90
성당 알베르게의 봉사자들	〈녹차의 맛〉, 가정처럼 따뜻한 곳	···97

성 베네딕도회 수도원 신부님들과 봉사자	〈우리에겐 교황이 있다〉, 필요한 새 마음, 겸손	· · · 105
영국 청소년들	〈말로니의 두 번째 이야기〉, 걷기의 힘	· · · 113
하비에르	〈파리로 가는 길〉, 산티아고로 가는 길	· · · 120
론	〈세상에서 고양이가 사라진다면〉, 작고 소중한 것들	· · · 128
채프먼 부부	〈사랑 후에 남겨진 것들〉, 인생을 함께 한다는 것	· · · 140
엠마와 두 아이 메이슨, 제임스	〈캡틴 판타스틱〉, 학교를 넘어선 교육	· · · 148
베르나르도	〈스틸 앨리스〉, 건강한 삶	· · · 156
브루노	〈클라우즈 오브 실스 마리아〉, 나이를 초월한 존재	· · · 163
에바와 미하엘 그리고 마르타	〈해피 이벤트〉, 간절히 기도하며 걸어가는 인생	· · · 172
에필로그	부엔, 카미노! 내 인생 가장 찬란했던 순간	· · · 180

프롤로그

누군가 물었다.

산티아고에 뭐가 있나요?

그곳엔 길과 걷는 이 외에 아무것도 없었다.

그래서 모든 게 비워졌다.

절친한 친구에게 산티아고 순례길을 걸어보라는 제안을 받았을 때, 나는 수개월간 하는 일 없이 오타쿠처럼 방구석에 처박혀 줄곧 영화만 보고 있었다. 일에 대한 고민을 시작한 지 5년. 더 이상 내가 할 수 있는 일이 없다고 느껴져 무기력했다.

대학 졸업 후 일할 에너지가 가장 넘치는 13년 동안 나는 초등학교 교사였다. 내가 진로를 선택해야 할 때는 요즘처럼 진로교육이 활발하지 않던 때였다. 무얼 좋아하는지 잘하는지 고민하지 않고 부모님의 권유로 교사가 되었다. 어릴 적부터 아이들을 좋아하긴 했지만 초등학교 교사가 꿈이었던 적은 한 번도 없었다. 그래도 교사가 된 후에는 좋은 선생님이 되고 싶어 최선을 다했다. 아이들과 주고받는 사랑에 부족함이 없었다. 아이들 때문에 힘든 적도 있었지만, 아이들 덕분에 느끼는 행복의 크기가 더 컸기에 충분히 견딜 수 있었다. 하지만 다른 교사나 학부모에게 받은 상처들은 좀처럼 치유가 되지 않았다. 교대 선배와의 사랑의 실패가 교사 생활에 결함으로 작용하게 되리라고는 생각지도 못했다. 자기 자식만 생각하는 이기적인 부모들에게 받는 상처도 컸다. 열의를 가지고 아이들을 위해 했던 일들이 곡해되어 화살로 돌아와 아프게 박혔다. 아이들을 위해 쓰기에도 부족한 에너지를 다른 부분에서 방어하고 싸우느라 쓸 데 없이 소진했다. 그리고 어느 순간부터 적당히 일하고 아이들도 적당히 사랑하는 그저 그런 교사가 되었다. 열정이 사라진 건 누구에게나 찾아오는 권태기일 수 있다. 하지만 교사로서 일하는 의미마저 사라졌다. 이 일을 통해 실현하고 싶은 가치가 사라졌고 일할 동력이 없어졌다는 건 심각한 일이었다. 그래서 삶이 더 무미건조해지기 전에 일을 그만두는 게 낫다고 생각했다.

교사를 그만두고 선택한 건 영화 일이었다. 영화 보는 것을 누구보다 좋아하기 때문에 주어진 기회에 감사하며 바로 일을 시작했다. 영화 현장은 흥미로웠고, 종합예술이라는 표현에 걸맞게 다양한 분야의 사람들이 협력해서 일하는 모습이 보기 좋았다. 교사 퇴직금을 전부 털어서 영화를 사겠노라 칸영화제에도 참석했다. 교사로 살았다면 절대 갈 수 없는 5월의 칸영화제. 바람 살랑거리는 좋은 날에 그곳에서 영화를 실컷 보며 얼마나 행복했는지 모른다.

하지만 현실은 냉정했다. 상업영화는 더 그렇겠지만, 내가 좋아하는 예술영화 역시 될 만한 작품은 돈 가진 자들이 모두 가져간다. 대규모 체인 영화관을 보유한 대기업들, 예술영화관을 가진 중소기업들의 차지다. 작은 회사들이 겨우 사거나 제작한 영화는 그들 영화관에 걸기 위해 엄청나게 고군분투해야 한다. 병원이나 약국에 약을 팔아야 하는 제약회사 영업직과 크게 다를 바 없었다. 그것은 내가 원하던 일이 아니었다. 학교에서 일할 때처럼 스트레스로 몸이 아프기 시작했다. 2년 만에 다시 일을 그만 두었다.

좋아하는 일을 고민한 후 그 다음으로 선택한 것은 미술관이다. 미술관 인턴직에 어렵게 합격하고 일을 시작했지만, 이곳 업무 역시 생각과는 달랐다. 물론 전시회를 구성하고, 화가를 찾아가 그림을 선택하는 흥미로운 일에 참여할 수 있었다. 하지만 대부분의 일은 도록을 회원들에게 부치거나 그림을 거느라 패인 벽의 못 자국을 메우는 것 같은 종류였다. 아직도 연락을 주고받는 학예연구실 실장님이 이곳은 나 같은 비전공자에겐 장래가 없다며 가진 교사 경력이 아깝다는 진심어린 조언을 해주셨다. 그러면서 보람 있는 일에 목말라 코이카 해외봉사단의 문을 두드리고 있던 나에게 용기를 북돋아주셨다. 그렇게 미술관 일을 그만두고 파라과이라는 생소한 나라에 교육단원으로 가게 되었다. 파라과이에서의 2년은 참 행복했다. 파라과이는 남아메리카의 많은 나라 중 물질적인 면에서 참 가난한 나라지만 정작 그 나라 국민은 스스로를 가난하다 생각지 않는다. 여름엔 차가운 떼레레, 겨울엔 따뜻한 마테차 한 잔을 함께 돌려 마시는 것으로 충분히 행복을 느끼는 사람들이다. 스페인어는 배우기에 상당히 어려웠다. 또 초등교육 봉사단원으로 파견된 것과 달리 실제로는 중학생들에게 음악을 가르쳐야 해서 어려움이 많았다. 새로운 교육의 기회가 생겼음에도 아이들이 배움에 의욕을 보이지 않아 좌절감을 느끼기도 했다. 하지만 정말 천천히 한걸음씩 내딛다보니 1년 후엔 제법 밴드의 모양새를 갖추었고, 큰 행사에 초대받아 공연할 만큼 발전했다. 성장하는 아이들 덕에 수업준비가 재밌었다. 한국 학교에서 받았던 상처가 치유되는 느낌이었다. 마당에 주렁주렁 열린 과일들을 마음껏 따먹고, 텃밭에서 가꾼 싱싱한 야채와 마당을 뛰어노는 닭이 낳은 달걀을 먹으며 몸도 많이 건강해졌다. 교사 일을 시작한 뒤 계속되었던 불면증과 위장병이 다 나았다. 코워커인 현지 직원 에베(Eve), 그리고 같은 봉사단원 중 몇몇 친구들과 서로 돕고 일하며 우정을 쌓는 법도 다시 배웠다.

임기를 마치고 뿌듯한 마음으로 한국에 돌아왔다. 하지만 부쩍 늘어버린 나이와 한 우물을 파지 못한 짧은 경력으로는 할 수 있는 일이 별로 없었다. 철밥통이라는 교사직도 그만두었는데 나를 행복하게 해주지 못하는 일이라면 못 그만둘 게 무어냐며, 시련에 부딪히면 바로 그만두었던 것이 그리 잘한 선택은 아니었다. 자신감이 줄었고 도전이 두려웠다. 그렇게 나는 방에 틀어박혔다. 나를 행복하게 하는 일이 아닌, 먹고 살기 위해 해야 할 일을 고민하다 보니 다시 불면증과 위장병이 찾아왔다. 그런 때에 주어진 산티아고 걷기 여행.

길을 걸으면서 지난날을 정리하고 당면한 문제들을 숙고해야겠다고 생각했다. 진지하게 앞으로의 일을 고민하고 설계할 수 있다면 그것만으로 충분히 좋겠다고 생각했다. 하지만 결론부터 말하자면 **이 여행은 계획과는 아주 다른 걸음이 되었다. 아름다운 자연에 압도되어 아무런 생각을 하지 못했다. 머리는 비워졌으며 몸과 마음이 건강해졌다. 그리고 그 길에서 천사들을 만났다.**

이 글은 여행안내를 위한 글이 아니다. 산티아고 순례길에서 다양한 모습으로 나에게 사랑과 깨우침을 준 천사들에 관한 이야기이다. 여기서 천사 혹은 성인(聖人)은 이해인 수녀님이나 법정 스님 같은 누구나가 인정하는 훌륭한 종교인만을 지칭하지 않는다. 영화 〈세인트 빈센트〉(데오도르 멜피 감독)의 꼬마 주인공 올리버가 성인(聖人)에 대해 조사해 오라는 학교 과제에서 발표했듯, 천사는 그냥 '사람'이다. 그가 세인트(Saint)라고 소개한 이웃집 빈센트 아저씨처럼 괴짜인 면이 있을지라도 가장 필요로 하는 이에게 희생하고 연민을 품고 따뜻함을 나누는 사람. 교사를 비롯한 여러 직업에서 가장 힘들었던 문제는 사람과의 소통이었다. 나는 냉철하지 못하고 말을 예쁘게 하지도 못한다. 그러다 보니 대화를 원활히 하지 못했다. 손익이나 시비를 따질 때는 부르르 끓어오르는 성정으로

13

늘 수위를 점하지 못했다. 지고 나서는 억울했다. 그러다 보니 사람들과 별로 어울리고 싶지 않았고 점점 사회성도 없어졌다. 그런 내가, 순례길에서는 세계 각국의 다양한 사람들을 만났고 열린 그들과 소통했다. 혼자가 되려고 몸부림쳤지만, 손만 뻗으면 닿는 거리에 함께 하려는 사람들이 넘쳐났다. 이들은 간절한 소망과 사랑을 품고 만나는 사람마다 그 사랑을 나눠주며 길을 걸었다. 그래서 그 길에선 마음만 열면 언제든 풍부해질 수 있었다.

클레멘스 신부님이 말했듯, **순례길은 연습일 뿐 진정한 길은 우리의 일상이다. 하루하루 살아가는 현실이라는 길은 순례길보다 훨씬 아득하고 험난해보인다. 그 험난한 길에서 앞을 향해 열심히 걷다 문득 막막해질 때, 순례길에서 만났던 아름다운 사람들을 떠올리려 한다. 그렇게 한 호흡 쉬다 보면 또 한 걸음 앞으로 나아갈 힘이 생길 것이다.** 그것이 신부님의 말처럼 연습의 길인 산티아고 길을 걸었던 이유인 것 같다. 그리고 산티아고 순례길처럼 현실의 길에서도 천사들은 분명 존재한다. 일상에서도 그들을 알아보는 눈을 갖게 되길, 나 또한 성장해서 누군가에게 그런 사람이 되어주길 소망해본다.

바욘(Bayonne)에서

아기레(Aguirre)

〈아무르〉, 사랑하는 사람과 함께 늙어간다는 것

산티아고(Santiago de Compostela)로 가는 경로 중 가장 잘 알려진 길은 프랑스 길이다. 바욘(Bayonne)은 프랑스 길의 시작점인 생장(ST. Jean Pied de Port)을 가기 위해 꼭 거쳐야만 하는 도시다. 그래서 순례길 위에 있지도 않은 그곳에 순례자 전용 숙소인 알베르게(Albergue)가 있고 그 중 내가 예약한 곳이 아기레(Aguirre) 아주머니의 집이었다.

아기레 아주머니는 프랑스에 산 지 오래 되었지만, 원래는 콜롬비아 출신이다. 그래서 썩 훌륭한 실력은 아니어도 스페인어를 할 수 있는 나를 무척 반가워하셨다. 고향 말로 대화할 수 있어 기쁘다

며 계속 함께 있고 싶어 했다. 생장 가는 예매표를 찾으러 역에 간다고 하니 데려다주었고, 이후 장도 함께 보러 갔다. 아주머니는 아들, 딸뿐 아니라 사돈의 팔촌 사진까지 보여주며 온갖 이야기를 풀어냈다. 특히 딸과의 사이가 각별해보였다. 미국에서 무용단원으로 일하는 딸을 자랑스러워하셨고, 전 세계 여러 나라로 공연하러 갔던 모습을 보여주셨다. 자식 사랑이 넘쳐나는 우리네 여느 어머니와 똑같았다.

집에는 몸이 불편한 치매 노인이 계셨는데, 아빠냐고 물어보니 남편이라고 했다. 그런 질문을 한 게 너무 죄송했지만, 나이 차이가 그 정도여서 그렇게 볼 수밖에 없었다. 그녀는 내 실수에 전혀 개의치 않았고 그와의 러브스토리를 들려주었다. 직장 상사였던 그는 원래 가정이 있는 남자였다. 그랬기 때문에 그가 아무리 물심양면으로 애정 공세를 퍼부어도 그녀는 받아들이지 못했다. 그가 이혼하고 계속 구애를 했을 때 결국 그녀는 그를 받아들였고, 이후 결혼해서 아이도 낳고 평범하게 살았다. 그런데 남편의 나이 80세 즈음 병마가 찾아왔다. 치매뿐 아니라 암과 다른 합병증도 이어졌다. 그렇게 아주머니는 지금까지 10년의 세월을 지극정성으로 병간호를 해왔고, 아저씨는 어린아이처럼 아주머니 말을 잘 따르며 행복하게 지내고 있다고 했다.

그래도 두 분을 보는 내내 마음이 아팠다. 긴 세월을 병마와 싸우고 계신 아저씨, 그 고된 시중을 들고 있는 아주머니. 그분들이 사람

을 절실히 그리워했다는 게 느껴져 말벗이 되어 드리고자 저녁도 함께 먹었다. 원래 저녁은 숙소 비용에 포함되지 않지만, 아주머니는 음식을 무료로 제공해주셨다. 씹는 것이 힘든 아저씨를 위해 대구 살과 채소를 잘게 다져 브랑다드(Brandade)를 만들고 부드러운 식빵에 올려주었는데 영양적으로나 맛으로나 식당에서 파는 여느 음식과 비교할 수 없었다. 세탁과 건조도 무상으로 해주셨다. 이후 밤늦게까지 함께 보드게임을 했다. 아저씨의 치매 치료에 도움이 되고자 시작했다는 다양한 보드게임에 아주머니는 이미 달인이 되어 있었다. 아저씨도 곧잘 따라 하셨다. 사실 몸이 많이 피곤하긴 했지만, 그런대로 괜찮았다. 내가 그들에게 반가운 손님이 된 것 같아 기분이 좋았다.

다음날은 풍부하게 차려주신 아침을 먹고 샌드위치까지 싸서 바욘 시내로 나갔다. 일요일이고 하몽 축제 마지막 날이라 많은 사람들이 삼삼오오 모여 강변에서 와자하게 떠들며 하몽을 먹고 있었다. 나도 콘 모양 그릇에 담긴 하몽과 와인을 사서 그들 틈에 앉아 먹었다. 강 양쪽으로 늘어선 건물도 예뻤고 하몽 축제를 즐기는 사람들도 모두 즐거워보였다. 남녀노소 함께 모여 춤을 추는 무리도 있었고, 악기를 연주하는 어르신들도 있었다. 곳곳에 사람들이 넘쳐났고 활기가 가득했다.

혼자 있는 내내 아기레 아주머니 생각이 났다. **아주머니는 나이도 많고 조건도 좋지 않은 남자의 사랑을 믿고 받아주었다. 늙고 병든 남편을 보살피고 있지만 절대 불행해보이지 않았다. 그녀는 나이가 들수록 사랑이 더 깊어졌기에 어려운 여건도 함께 이겨낼 수 있었다고 말했다. 나이 들어 병든 배우자를 간호한다는 것. 그건 부부로 살아오는 동안 진실한 사랑을 주고받았던 증거라는 생각이 들었다.** 그럼에도 과연 이렇게 노년을 맞는 것이 행복할까, 의문이 들었다. 이건 아마 영화 〈아무르〉(미카엘 하네케 감독)를 안타까운 마음으로 보았기 때문에 일어난 감정일 것이다. 제목과 포스터만 보고 노부부의 애틋한 사랑 이야기인 줄 알았던 내게 파문을 일으킨 영화 〈아무르〉.

음악회에 함께 가고, 같이 식사하며 두런두런 이야기를 나누고. 평화롭게 일상을 공유하던 음악가 출신 노부부는 아내 안느가 병이 들면서 급격한 생활의 변화를 맞는다. 수술 후 병원에서 돌아온 안느가 남편 조르주에게 다시는 병원에 가지 않게 해달라고 부탁하면서 남편인 그가 병시중을 하게 되었기 때문이다. 최선을 다해 노력하지만, 나이 든 조르주는 아내를 안아 일으키는 것조차 힘에 부친다. 병세가 점점 악화되면서, 안느는 혼자 아무것도 할 수 없고 추한 모습을 보이는 것을 몹시 괴로워한다. 조르주도 마찬가지다. 아파하는 아내를 보면 괴롭고, 죽고 싶어 하는 아내를 견디기 힘들다. 결국 그는 극단적인 선택을 한다. 아내를 죽이고 자신도 죽는다. 삶이 심히 버거운 그에게 최선의 선택이었을지 모른다. 그의 선택이 어느 정도 이해는 되지만, 만약 그가 직접 병간호를 하지 않았다면 둘 다 그런 비극을 맞지 않았을 것이다. 그 정도로 사랑하는 이의 병든 모습을 지켜본다는 건 몹시 힘겨운 일이 분명하다.

아기레 아주머니는 그런 병간호를 10년이나 하셨다. 그런데도 두 번의 죽을 고비를 잘 넘긴 남편이 너무 대견하다고 했다. 병간호가 쉽지 않지만 남편이 죽는다면 더 힘들 것 같다고 했다. 어쩌면 그 힘은 아주머니를 충분히 사랑했던 아저씨에게서 비롯되었을지 모르겠다. 사랑을 이루기까지 무척 힘들었을 테고, 그래서 아낌없이 그녀를 오래 사랑해주지 않았을까. 그녀는 그간 그에게서 받은 사랑과 추억의 힘으로 에너지를 내고 있는 것이 아닐까.

숙소가 버스터미널과 약간 떨어진 곳에 있어 무거운 배낭을 메고 걸어갈 일이 걱정이었는데, 아주머니는 끝까지 친절하게 버스타는 곳까지 데려다주셨다. 숙소를 떠나기 전에는 생장 숙소를 검색해주고 직접 전화로 예약도 해주셨다. 혹시라도 순례길의 알베르게 정보가 필요하면 자신이 가지고 있는 모든 정보를 제공해줄 수 있다고도 하셨다. 첫 여정부터 줄 수 있는 건 모두 주려고 하는 아주머니를 만나 참 행복하고 감사했다. 무엇보다 아주머니를 통해 사랑에 대해 다시 생각할 수 있었다.

나는 사랑에 자신이 없다. 변치 않을 것이라 믿었던 사랑이 변하는 것을 경험한 이후, 사랑을 하면서도 사랑이 변할 거라 늘 의심한다. 사랑의 서약을 한 부부라도 아이 때문에 살거나 그냥 익숙해져 사는 게 그리 좋아 보이지 않는다. 그래서 오랫동안 결혼 생각이 없었다. 그런데 **참 이상하게도, 함께 손잡고 산책하거나 장을 보거나 카페에서 차를 마시는 노부부의 다정한 모습을 보면 그게 그렇게 좋아 보일 수 없다. 나이 들어 그런 아름다운 커플의 모습을 잃지 않는다는 건 수십 년간 공유하며 쌓은 삶의 무게가 그만큼 크다는 뜻일 것이다.** 사랑을 오랫동안 진심으로 마주해보지 않고 '사랑은 없다'든지, '사랑은 변한다'는 등의 얕은 말들을 내뱉는 건 참으로 의미 없는 일이다. 아주머니는 늙고 병들어도, 곁에 있어서 행복한 사람이 있다는 건 정말 좋은 일이라고 했다. 해를 거듭할수록 깊어지는 사랑을 할 수만 있다면 늙어간다 해도 나쁘지 않을 것 같다.

〈아무르〉(Love, 2012), 미카엘 하네케 감독

생장 피드 포르(ST. Jean Pied de Port) & 팜플로나(Pamplona)에서

프란시스카(Francisca)

〈프란시스 하〉, 존재만으로 든든한 친구

난 친구가 많지 않다. 소수의 친구는 학창시절 친구, 그러니까 꽤 오랜 인연이다. 직장에서 만나 오랜 관계를 유지하고 있는 친구는 몇 안 된다. 그만큼 어른이 되고 나서 마음 열고 사람을 사귀는 게 쉽지 않았다. 좋은 사람을 많이 만났지만, 관계를 오래 지속하기는 여간 어려운 일이 아니었다. 물론 소수의 친구만으로도 나는 충분하다. 이 친구들을 많이 사랑하고 이들에게 크게 영향 받는다. 이들과의 관계는 남자친구의 분노를 살 정도니까.

〈프란시스 하〉(노아 바움백 감독)의 프란시스와 소피의 관계도 그랬다. 영화 초반부터 웃었다. 프란시스와 절친과의 관계가 몹시 끈

끈해 남자친구와 헤어지게 되는 것을 보고 말이다. 이 영화는 뉴욕에서 무용수로 성공하기 위해 치열하게 노력하지만, 너무도 평범하여 먹고 살기조차 힘든 프란시스의 이야기를 흑백필름에 담았다. 이 영화를 보는 이들은 여러 장면에서 자신의 모습을 발견하게 될 것이다. 그만큼 현실감이 넘친다. 총천연색으로 보았으면 현실이 그렇듯 아름답지 않은 것이 다 드러나 우울했을지 모른다. 흑백영화이기에 매력적으로 보일 수 있었다.

영화 중간 프란시스가 취중에 이런 이야기를 한다.

"제가 원하는 어떤 순간이 있어요. 누군가와의 관계에서 제가 원하는 건데, 어떤 거냐면 누군가와 같이 있을 때 서로의 호감을 쉽게 눈치채잖아요. 하지만 파티에서 각자 다른 사람과 얘기하고 있고 웃고 있는 상황에서 눈을 돌리다가 서로에게 시선이 멈추는 거예요. 불순한 의도나 그런 것 때문이 아니라 이번 생에 그 사람이 내 사람이라서. 언젠가 끝날 인생이라 재밌고 슬프기도 하지만 거기엔 비밀스런 세계가 존재하고 있어요. 사람들에 둘러싸여 있어도 우리만 아는 세계. 그게 누군가의 관계에서 제가 원하는 거예요. 인생에서도 그렇고 사랑에서도"

친구를 쉽게 만들지 못하는 내가 프란시스가 말한 이 순간을 경험했다. 순례길의 시작점인 생장의 알베르게에서. 아기레 아주머니가 예약해주신 생장의 알베르게에 이른 오후 도착했는데, 침대에 벌써 두 명의 여성이 누워 있었다. 한 친구는 피레네 산을 넘다가 몸이 안 좋아져서 되돌아와 쉬는 중이었고, 다른 친구는 그냥 잠이 부족해서 코까지 골면서 꿀잠을 자는 중이었다. 후자가 프란시스카, 스페인 발렌시아 사람이다. 그곳에서 밤새 버스로 달려 이곳에 왔고, 오전에 도착해 생장을 둘러본 후 부족한 잠을 자고 있던 것이다.

쉬고 있는 그녀들을 방해하지 않기 위해 마실을 갔다가 저녁 식사 시간에 맞추어 들어왔다. 함께 머무는 순례자들은 다섯밖에 되지 않았는데 봉사자들이 많아서 북적북적했다. 그중 그녀와 자꾸 시선이 마주쳤다. 그러다 식탁에 마주 앉았고, 우리 둘만의 세계가 존재하는 듯 이야기를 나누게 되었다. 다른 사람들은 아무도 신경 쓰이지 않았다.

"스페인에서 살고 싶을 만큼 스페인을 좋아해."

내가 이야기하자, 그녀가 주저하지 않고 단번에 말했다.

"내가 사는 데니아(Dénia)로 와. 발렌시아 근처의 작은 바다마을인데 너무 아름다워."

사진까지 찾아서 보여주며 진지하게 얘기했다. 그녀는 데니아에 살면서 발렌시아의 한 병원에서 컴퓨터 관련 일을 한다고 했다. 발렌시아에는 수준 높은 대학도 많고, 물가도 마드리드나 바르셀로나보다 낮은 편이라 공부하기에 좋다고 했다. 바다와 프란시스카

가 있는 데니아에 살면서 발렌시아로 공부를 하러 가는 상상을 하자 너무 행복해졌다.

그녀와 오래 이야기를 나누고 싶었지만 일찍 자야만 했다. 알베르게는 보통 취침 시간이 10시로 정해져 있다. 대부분의 사람이 새벽에 걷기를 시작하기 때문이다. 더욱이 그녀는 다음날 론세스바예스(Roncesvalles)까지 27km를 간단다. 순례길의 첫 친구와 길을 함께 걸을 수 없다니 참 아이러니하지만, 나는 순례 첫날부터 피레네산맥을 넘을 자신이 없어서 오리손(Orison) 알베르게까지 7km만 가기로 했다. 스페인 사람들은 일주일 정도의 휴가에 산티아고 순례길을 걷기도 한다. 수시로 올 수 있으니 보통 한 번에 완주하지 않고, 시간이 날 때마다 이어서 걷는다. 그녀도 이번에 에스테야(Estella)까지만 가는 일정이라고 했다. 다음날, 헤어지는 것이 아쉬워서 일찍 일어나 준비하는 그녀와 함께 아침을 먹었다. 에스테야까지 걸은 후 그녀는 동생이 사는 팜플로나로 돌아와서 하루 머물 예정이라고 했다. 일정이 맞으면 팜플로나에서 다시 보자고 약속했다. 그리고 진짜로 우리는 그곳에서 다시 만났다. 약간 쌀쌀한 날씨였는데 반소매 차림으로, 큰 배낭을 메고서 하나도 무겁지 않은 듯 씩씩하게 그녀는 내게 걸어왔다. 우리는 핀초 바(Pinchos Bar, 작은 빵이나 바게트 위에 각종 재료를 올려놓고 작은 꼬챙이로 고정한 음식을 내오는 스페인식 주점)에 가서 안초비와 올리브 꼬치에 와인을 마시며 이런저런 이야기를 나누었다. 그녀와는 이야기가 참 잘 통했다.

사는 곳도 언어도 문화도 다른데 생각하는 게 비슷했다. 인생관도, 행복에 대한 생각까지. 다만 한 가지, 죽음에 대한 생각은 조금 달랐다. 나는 죽음이 두렵지 않다. 지금 당장 죽는다고 해도 크게 아쉽지 않다. 경험할 만큼 했고 많은 것을 누렸다고 생각한다. 다만 지금 이곳에서 죽는다면 가족이나 친구들이 많이 슬퍼할 테니 그런 것은 원하지 않는다. 남아있는 사람들에게 소중한 추억을 남긴 후 죽고 싶다. 반면 그녀는 사는 것이 너무 좋다고 했다. 그래서 죽음이 싫다고. 밝고 씩씩한 기운이 느껴지던 그녀다운 답변이었다. 그리고 그녀는 이렇게 말했다.

"나중에 할머니가 되어 이날을 회상하면 웃게 될 걸. 그때 네가 당장 죽어도 좋다고 했는데 아직 살아있네, 하면서 말이야."

정말 그런 날을 상상해보니 재밌다. 할머니가 되어 그녀와 다시 만나 이날의 이야기를 나누는 것. 아직 살아보지 않은 세상에는 미지의 재미난 일들이 많이 있을 것이다. 그녀가 산티아고 길을 마치고 데니아로 놀러 오라고 했다. 데니아의 바다에서 함께 수영하자고.

나는 어릴 적 다리에 심한 화상을 입었다. 보일러가 없어 겨울에 뜨거운 물을 데워 사용하던 시절, 그것이 얼마나 뜨거운 것인지 모르고 바가지로 물을 펐다가 그대로 놓아버리는 바람에 크게 데었다. 그때 나이 세 살, 그 시절 다른 것은 아무것도 기억하지 못하는데, 그날의 장면은 영화를 보듯 선명하게 재생이 가능하다. 아빠의 표정, 엄마의 부산함. 그때 고통에 시달리며 꾼 꿈들도 아직 생생히 기억한다. 피부 이식 수술을 했지만 특이한 피부를 가진 나는 아플 대로 다 아프고도 수술에 성공하지 못했다. 그 흉터가 너무 커서 수영복을 입지 못한다. 그래서 수영도 배우지 못했다.

"수영복을 입어도 아무도 너를 이상하게 볼 사람은 없어. 내가 수영하는 법을 가르쳐줄게."

그녀는 그게 무슨 흠이냐는 듯 아무렇지 않게 말했다. 흉터는 사춘기에서 청년기까지 내 열등감의 원인이었지만, 다시 생각해보면 그 흉터가 인간관계나 사회생활에 문제가 되지는 않았다. 문제가 있었다면, 화상과 수술의 심한 고통으로 더해진 예민한 성격 때문일 것이다.

"수영을 배우는 게 싫으면 바다에 작은 배를 띄워줄 테니 그 위에 누워만 있어. 그 느낌이 얼마나 좋은데!"

영화에서만 보았던 장면이다. 하늘을 보며 바다에 누워 잔잔한 파도에 몸을 맡기는 기분. 상상만 해도 좋았다. 그곳에서 그녀와 함께라면 아무렇지도 않게 수영복을 입고 수영을 배울 수 있을 것 같았다. 그러고 보니 경험할 만큼 했기 때문에 지금 죽어도 아쉽지 않다는 말은 조금 섣불렀다. 그녀의 말처럼 세상에는 아직 경험하지 못한 신나는 일들이 무수히 많으니까.

헤어지면서 그녀는 카미노를 걷는 도중 도움이 필요하면 언제든지 연락하라고 했다. 무슨 일이든 도와주겠다고. 그 느낌 아는가, 존재만으로도 든든한 느낌. 〈프란시스 하〉에서 복도에 앉아 혼자 울고 있는 아이의 맞은편에 프란시스가 그냥 앉아만 있어주는 장면이 있다. 왜 우는지 물어보지 않고 울지 말라고 하지도 않는다. 그냥 곁에 앉아만 있다. 그런데도 다 괜찮아지는 느낌. 프란시스는 평범하다 못해 어딘가 부족해보이기까지 한데, 그다지 행복한 인생이 아닌 듯 보였을 때마저 마냥 거리를 뛰고 춤추며 다닌다. 내겐 없는 그 발랄한 기운이 좋았다. 무언가를 해낼 거라 믿어졌다. 결국 생활을 영위하기 위해 안 하겠다던 사무실 일을 하지만, 그것에 안주하지 않고 디딤돌 삼아 안무가가 되어 자신만의 무대를 올린다. 그때의 그녀는 눈이 시릴 정도로 빛나 보였다.

영화 속 프란시스처럼 활력이 넘치는 프란시스카도 자신의 전문 분야를 넓히기 위해 공부를 시작했다고 한다. 또 틈날 때마다 자전

〈프란시스 하〉(Frances Ha, 2012), 노아 바움백 감독

거로 유럽 각국을 여행하고 있다. 그녀는 자신을 중요하게 여기고 사랑하기 때문에 자신의 재능을 찾고 신나게 일한다. 살 만한 세상이라고 명랑하게 이야기하고, 진짜 즐겁게 산다. 함께 있으면 덩달아 기분이 좋아진다. 활기찬 그녀를 데니아에서, 발렌시아에서 다시 만나고 싶지만 정말로 그게 가능할지 모르겠다. 인생은 알 수 없는 일투성이니 기대해봐도 좋지 않을까. 아무튼 지금은 그녀의 소식을 듣고 사진을 보기만 해도 그냥 힐링이 된다. 그래서 그렇게 첫눈에 끌렸나 보다. 내 인생에 꼭 있어야 하는 사람이라서.

생장 피드 포르(ST. Jean Pied de Port) - 오리손(Orison)에서

버니(Bernie)

〈먹고 기도하고 사랑하라〉, 타인을 위한 기도

생장에서 출발하는 대다수의 사람이 순례 첫날 피레네를 넘어 론세스바예스까지 긴 거리를 걷는다. 그래서 다들 새벽에 출발한다. 난 그들의 1/3 정도만 걸을 예정이어서 늦게 출발했더니 길에는 사람들이 별로 없었다. 몇 없는 사람 중 앞서가던 아저씨가 자꾸 나를 돌아보았다. 그러다 결국 걸음을 멈추고, 스틱의 길이가 맞지 않는다고 말해주었다. 스틱을 내 키에 맞게 조정해주고 사용법도 친절히 알려주었다. 난생처음 스틱을 사용하며 걸으니 얼마나 부자연스러웠겠는가. 그 모습이 계속 신경이 쓰인 모양이었다. 그렇게 계속 걸었으면 스틱이 오히려 걷는 데 방해가 됐을 것이다.

타인에게도 관심을 가지고 마음을 써주는 그는 영국에서 온 버니 (Bernie) 아저씨다. 그의 일행 두 명과도 인사를 나누고 그 무리에 섞여 이야기하며 걸었다. 그러다가 빨리 걷는 그들과 보폭을 맞추지 못해 다시 혼자가 되었다.

혼자 걸을 때는 오롯이 풍경에만 집중할 수 있어 좋다. 피레네는 따사롭고 아름다웠다. 넓디넓은 초록 들판에 이름 모를 들꽃들이 반짝거렸다. 곳곳에 양의 무리가 한가로이 풀을 뜯거나 소들이 멍하니 앉아있거나, 말의 무리가 서서 꾸벅꾸벅 졸거나, 평화롭기 그지없었다. 길은 한낮의 열기로 아지랑이가 피어올랐다. 하늘은 새파랗고 구름은 희디희었다. 사진 찍고 그 풍경을 즐기느라 앞으로 걸어가는 것이 힘들었다. 앉아서 풍경을 보며 자주 쉬었다. 걸을 거리가 짧아 참 다행이었다. 천천히, 충분히 즐길 수 있었으니.

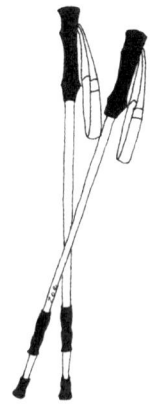

오리손까지 얼마 안 남은 지점에서 버니 아저씨를 다시 만났다. 많이 힘들어보였다. 키도 크고 건장하신데, 나이 이기는 장사는 없는 모양이다. 그에게 보조를 맞춰 천천히 걸었다. 두런두런 이야기를 나누며 느리게 걷는 것이 좋았다. 그의 부인은 연상의 여인이란다. 그녀가 나이가 많아 함께 오지 못했고, 이 아름다운 길을 같이 걷지 못해 매우 아쉽다고 했다. 그녀를 많이 사랑한다고. 그리고 내게 사랑하는 사람이 있는지 물어보셨다. **내가 사람 만나는 것이 두렵다고 하자 아저씨는 사랑하는 것을 두려워하지 말라고 하셨다. 사랑하며 사는 것이 인생의 큰 부분이라고....** 영화 〈먹고 기도하고 사랑하라〉(라이언 머피 감독)의 케투 아저씨가 생각났다. 주인공 리즈는 일과 사랑 모든 것을 버리고 떠난 여행에서 힘들게 인생의 밸런스를 찾게 되는데, 그 마지막 여정에서 한 남자를 만난다. 겨우 찾은 인생의 밸런스가 깨질까봐 사랑을 하지 않으려는 리즈에게 케투 아저씨는, 가끔은 사랑에 빠져 인생의 균형이 깨지기도 하지만 그것이 삶 전체 균형의 일부라고 충고한다.

버니 아저씨는 남은 인생이 사랑만 하기에도 부족하다고 말했다. 늙어 못하는 것이 너무 많아 안타깝다며 젊을 때 사랑하는 사람과 하고 싶은 것들을 맘껏 하라고 했다. 단, 남편을 선택할 때 두 가지를 명심하라고 조언했다. 물질주의자는 만나면 안 되고, 신앙을 가진 사람을 만나라고.... 물질적인 것은 아무리 가져도 만족을 못하니 정신적으로 교감이 되는 사람을 만나야 하고, 신앙을 가진 사

람은 신에 대한 믿음으로 자기 자신도 믿고 다른 사람에 대한 믿음
도 있어 사랑도 잘할 수 있다고.

함께 걷다가 사람들이 쌓아놓은 돌탑 무더기를 발견했는데, 그
가 거기서 기도하고 싶다고 했다. 눈 감고 그의 기도를 들었는데,
나를 위한 도고(禱告)였다. 복을 주시고, 이 길을 안전하게 걷도록
보호해달라고. 아저씨의 기도에 감동했다. 감사하다고 말씀드렸더
니 다른 이를 위해 기도할 수 있어서 본인에게 더 큰 기쁨이라고 하
셨다. 아저씨에게는 기도하는 것이 일상일지 모르겠다. 하지만 난
기도가 어렵다. 신의 존재를 믿지만, 기도를 잘 안 한다. 태어나면서
부터 부모님에 의해 정해진 종교였고 어릴 적 강제로 교회에 다녔
던 것이 내 신앙생활에 좋지 않은 영향을 미쳤다. 그런데 파라과이
에 봉사단원으로 갔을 때 스스로 신앙을 찾게 되었다. 그곳에선 내
힘으로 할 수 있는 것이 하나도 없었기 때문에 기도할 수밖에 없었
다. 그 기도는 나에 대한 기도가 아니었다. 내가 그들에게 도움이 되
기를 구하는 기도였다. 그때는 신과 진심으로 소통이 되었다고 생
각한다. 한국으로 돌아와 나의 삶을 놓고 기도할 때 하나님은 침묵
하셨지만.

내가 힘들 때, 기도해주겠다는 다른 사람들의 말이 참으로 위안
이 된다. 나도 가끔 사람들에게 "당신을 위해서 기도해줄게요"라
고 말한다. 타인을 위한 기도는 이렇게 다르다. 〈먹고 기도하고 사
랑하라〉에서 리즈는 작정하고 종교모임 기도회에 참석해도 도무지

기도를 하지 못한다. 기도할 때 간절함이 안 생긴다는 그녀에게 리처드는 충고한다. 기도가 필요한 사람을 찾고, 그 사람을 위해 간절히 기도해보라고, 그것이 너에 대한 기도가 될 거라고.... 리즈는 꿈을 가지고 한창 공부할 나이인데 사진으로만 얼굴을 본 사람과 결혼을 해야 하는 툴시를 위해 기도한다. 툴시와 남편이 서로 사랑하고 배려하면서 행복할 수 있게 해달라고. 깊은 곳에서 우러나오는 간절한 마음으로 툴시를 위해 기도할 수 있었고 결국 그 기도는 리즈에게 와 닿는다.

아주 천천히 걷고 싶은 버니 아저씨는 나에게 먼저 가라고 했다. 나는 당연히 오리손 산장에서 그를 다시 만날 수 있을 거라고 생각했다. 그래서 작별인사도 안 하고 앞서 걸었다. 오리손에서 그를 찾았지만 만나지 못했다. 나보다 느린 그의 걸음으로는 론세스바예스까지 가지 못할 텐데 중간에 포기하고 돌아간 건지 정말 걱정이 되었다. 그냥 사라져버린 그는 어쩌면 진짜 천사였을지도 모른다. 그가 사람이라면. 아무 탈 없이 건강하게 이 길을 걸을 수 있기를... 그를 위한 기도가 절로 나왔다.

다 버리고 떠날 용기만 있다면
안락함도 집착도 뒤로 한 채 몸과 마음이 원하는
진실을 찾아 나선다면
그 여행의 매 순간 새로운 걸 배우고

어깨를 부딪친 모두가 삶의 스승인 걸 안다면

힘들겠지만 아픔도 외면하지 않고 마주할 수 있다면

당신은 자신을 찾을 수 있다.

〈먹고 기도하고 사랑하라〉 중에서

〈먹고 기도하고 사랑하라〉(Eat Pray Love, 2010), 라이언 머피 감독

EAT PRAY LOVE

오리손(Orison) - 팜플로나(Pamplona), 부르고스(Burgos) & 레온(León)에서

데이나(Dana) & 버취(Burch)

〈와일드〉, 자랑스러운 딸이 된다는 것

데이나(Dana) 아주머니와 버취(Burch)는 미국 플로리다에서 온 순례자다. 모자지간인데, 아주머니의 70세 생일을 기념하기 위해 함께 이 길을 걷기로 했단다. 이들과 오리손 알베르게에서 같이 묵었지만, 방도 다르고 저녁식사 때도 다른 곳에 앉아 있어서 인사할 기회가 없었다. 그런데 다음날 오리손을 떠나 론세스바예스로 가는 길에서 내게 너무나 소중한 사람들이 되어주었다.

오리손을 출발할 때 날이 맑지 않았다. 사람들에게 날씨를 물어보니 해가 뜨면 안개가 걷히고 맑을 거라고 했다. 어제도 날씨가 좋았는데 오늘도 맑다니, 운이 참 좋다고 생각했다. 그런데 걸어도 걸

어도 온 땅이 안개로 뒤덮여 아무런 풍경을 볼 수 없었다. 조금 더 지나면 괜찮겠지 생각했지만 시간이 지나도 괜찮아지지 않았다. 높은 산 위라 구름 속에 있어 안개 속을 걷는 느낌인가 생각했다. 안개는 걷힐 듯하다가 다시 더 짙어지곤 했다. 노란 화살표가 짙은 안개로 인해 보이지 않았다. 그래서 앞서 걷는 사람의 실루엣을 길잡이 삼아 걸었는데 이 실루엣이 데이나 아주머니와 버취였다.

안개의 습기 때문에 전날과 다르게 몹시 추웠다. 뜨거운 차를 마시고 싶은 생각이 들 무렵, 산 중턱에 트럭카페가 보였다. 많은 사람이 모여 있었다. 바람과 습기로 차디차진 몸을 녹이기 위해 핫초콜릿을 마셨다. 몸이 좀 따뜻해진 후 다시 출발하려는데 주위에 아무도 없었다. 앞서가는 사람의 실루엣도 찾아볼 수 없었다. 안개가 짙어 코앞의 길도 보이지 않았다. 적막한 가운데 워낭소리만 어렴풋이 들려왔다. 아무것도 보이지 않으니 너무 무서웠다. 멈춰 서 있을 수도 없어 감으로만 앞으로 걸었다. 걷다 보니 저만치 조그만 야광 화살표가 보였다. 그리고 다시 사람의 실루엣이 보였다. 데이나 아주머니와 버취가 나를 기다리고 있었다. 얼마나 안심이 되던지…. **처음부터 길잡이가 되어주었던 이들. 일부러 나를 위해 걸음을 늦추며 걸었는데, 트럭카페 이후로 내가 따라오지 않아 기다렸다고 했다. 사람이 가까이에 있다는 것, 같이 걷거나 앞서 걸으며 길을 보여준다는 게 얼마나 멋지고 감사한 일인지 예전엔 미처 몰랐다.** 그들이 곁에 있으니 그제야 안개 속 풍경이 보였다. 어렴풋

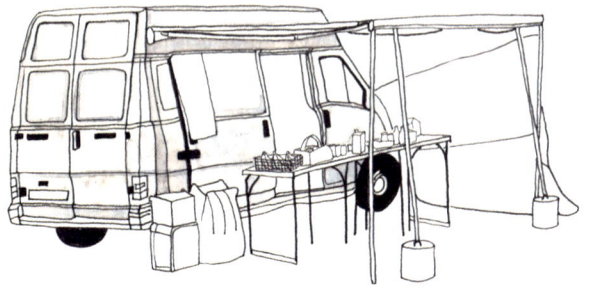

이 보이는 나무와 연초록 잎이 예뻐서 계속 셔터를 눌러댔다. 아주머니께 한국어로 생일축하 노래를 불러드렸는데 무척 좋아하셨다. 그들과 이야기하며 걸으니 더 즐거웠다. 아주머니는 이번이 다섯 번째 카미노라고 했다. 매번 완주를 한 건 아니지만 늘 즐거운 길이 되었기에 또 걷기로 했단다. 함께 걸으면서 아주머니는 수시로 내게 괜찮냐고 물어보셨다. 버취는 스페인어도 잘했는데, 나와 영어로 소통이 잘 안 될 때는 스페인어로 보충할 수 있도록 대화를 이끌었다. 그는 영어가 모국어인 사람들은 외국어를 배우려 하지 않는다고 비판했다. 영어가 세계 공용어이기 때문에 사람들과 소통하기 위해 오히려 외국어를 배워야 한다고 했다. 그 생각이 참 맘에 들었다. 그들과 함께 만난 사람은 스페인 출신이지만 지금은 미국에 사는 알레한드라(Alejandra), 브라질 출신이지만 영국에 사는 비비안(Vivian), 이스라엘에서 온 하가르(Hagar), 그리고 고모와 조카 사이인 캐럴(Carole)과 조이시(Joycey), 인자한 인상의 글렌(Glen), 괄괄한 성격의 로리(Lory)였다. 우린 한 팀이 되었다. **사람과 관계 맺기보다 혼자 있는 쪽을 선호했는데, 안개 속에서 혼자 헤맸을 때의 두려움이 너무 커서 사람과 함께 한다는 것이 얼마나 귀한지 새삼 느낄 수 있었다.** 모두 좋은 사람이라 더욱 감사했다.

론세스바예스 마을이 보이기 시작했을 때 다 같이 환호성을 질렀고, 서로 잘했다고 칭찬했다. 말로만 듣던 약 200여 명 수용 규모의 알베르게에서 침대를 배정받고 쉬다가 저녁을 함께 먹었다. 미사에도 참석했다. 신부님 말씀을 전부 알아듣진 못했지만, 그래도 좋았던 말씀은 우리가 과거에서 벗어나 새로워질 수 있다고 하신 것이었다. 사람이 변하는 건 어렵다. 하지만 신부님 말씀처럼 새로워질 수 있으면 좋겠다. 하나님은 혼자 있는 것을 더 좋아하는 내게, 사람들과 함께하는 기쁨을 알도록 환경을 제공해주셨다. **어떤 모양으로든, 이 길의 끝에서 나는 조금이라도 새로워지리라.**

이틀을 함께 걷다가 팜플로나에서 내가 하루 더 묵는 바람에 모두와 헤어졌다. 아주머니가 우리는 이제 카미노의 가족이라면서 자신들을 마마(Mamá, 엄마)와 에르마니또(Hermanito, 동생)라 부르라고 하셨다. 헤어진 후에도 그들은 여전히 문자와 사진을 보내주며 자주 안부를 물었다. 부르고스에서는 하루 먼저 도착한 그들이 숙소로 갑자기 찾아와 주기도 했다. 너무나 반가운 마음에 한달음에 달려가 둘을 얼싸안았다. 대성당이 보이는 아름다운 로비에 앉아 한참 동안 두런두런 이야기를 나누었다. **마마와 버취는 내게 같이 걷자고, 보호막이 되어주겠다고 했다. 하지만 그들과 같이 걸을 수는 없었다. 마마, 버취와 함께 걸으면 그들을 많이 의지하고 그들의 방향에 맞춰 걷게 된다. 그런데 나는 이 길을 걸으면서 내 방향을 찾고 싶었고, 나의 내면을 들여다보고 싶었다.** 영화 〈와일드〉(장마크 발레 감독)의 셰릴처럼 어려움도 스스로 극복하며 굳건히 걸어내고 싶었다.

셰릴은 폭력적인 아빠 때문에 불우한 시절을 보냈다. 성장한 후 부모가 이혼하고 엄마와 함께 겨우 행복한 삶을 되찾았는데 갑작스럽게 엄마가 암으로 세상을 떠난다. 마음에 큰 상처를 받은 셰릴은 자신의 삶을 파괴하며 살다가, 약 4,000km의 PCT(Pacific Crest Trail)를 혼자 걸으며 상처를 치유하게 된다. PCT는 완주까지 4-5개월이 걸리고 혼자 야영생활을 하며 걷는 극한의 도보여행이다. 하지만 그 길에서도 셰릴은 가끔 사람을 만나고 그들에게 도움을 받는다. 긴 길을 걷는 것은 그렇다. 혼자 걷지만 곳곳에서 사람이 나타나고 도와준다. 내게 마마와 버취는 그 중 처음 만난 사람이고 그 마음을 끝까지 보여준 이들이다.

레온에서도 하루 먼저 도착한 그들과 만났다. 마마는 나를 많이 걱정하셨다. 난 레온에 오기 전 발목을 다쳐 고생 중이었다. 또 배낭

옮겨 주는 서비스를 이용했다가 교회 알베르게 봉사자에게 혼나기도 하고, 배낭을 분실했다가 되찾는 등 여러 가지 사건을 겪은 것을 알고 있기에 더욱 그랬다. 자책하는 나에게, 이곳에서는 누구나 자신만의 길을 만들어나갈 권리가 있고 아무도 그것을 비판해서는 안 된다며 가이드북의 글을 읽어주셨다.

대부분의 순례자들은 걸어서 전 구간을 여행하겠다고 다짐했을 것이다. 이것을 매우 추천한다. 그러나 어떤 이들은 신체적, 시간적 제약이 다르다. 만약 이곳에서 교통수단을 이용한다는 생각이 이단으로 여겨진다면 스스로에게 자문해볼 필요가 있다. '왜 안 되는가? 계획했던 거리보다 더 멀리, 걸어서 피스테라(Fisterra)까지 갈 수도 있는데!' 자존심과 강박적인 행동패턴들은 자유방임적 태도와 무관심만큼 극단적일 수 있다. 이 여정의 동기와 목적이 무엇인가? 전 구간을 걷겠다는 결정이 그 목적에 어떻게 이바지하는가? 당신은 '순례자 편법'으로 버스를 타거나 어떤 점에서 정직하지 못한 순례자들을 비판하는가? 다른 이의 동기와 행동을 비판할 수 있도록 모든 상황을 알 수 있는가? 이것을 스스로에게 물어보아라. '이것이 내가 관여할 바인가? 그들이 혹은 신이?' 우리, 오늘 비판 없이 걷자. 마음을 열고 가슴에 사랑을 품고 모든 발걸음을 평화와 인정을 위한 기도로 만들면서.

〈와일드〉에서도 그렉이 셰릴에게, 시에라는 눈이 덮여 걷기 힘드니 버스를 타고 우회하라고 충고한다. 하지만 셰릴은 이곳에 버스나 타려고 온 게 아니라고 말한다. 그렉은 눈 덮인 산에서 추락하는 것보다 낫다고, 반칙처럼 느껴지면 구간을 늘려 더 걸으라고 제안한다. 그리고 무엇을 선택하든 자책하지 말라고, 여기까지 온 것도 대단하다고 말해준다. 나도 전 구간을 걷고자 다짐했지만, 나쁜 날씨와 몸 상태로 40km 정도의 거리를 버스로 이동했고, 배낭을 보내는 서비스도 몇 번 이용했다. 그것을 비판하는 사람을 만나기도 했고, 죄책감에 마음이 편하지 않았다. 하지만 진정 다른 사람의 비판이 무슨 상관인가. 나만의 길을 걷고자 온 것인데…. 그렉의 말처럼 또 마마의 말처럼 여기까지 온 것만도 대단하다. 힘들면 집에 돌아가도 된다.

이렇게 마마는 힘이 되어주었건만, 마마가 세세하게 나에게 신경 쓰고 내가 그녀의 말을 들으려 애쓰는 것을 달가워하지 않는 사람도 만났다. 왜 굳이 이 길에서까지 엄마가 필요하냐고…. 마마의 영향에서 벗어나 자유로워져야 한다고 말이다. 하지만 그녀는 엄마를 자처하며 생판 남인 나를 따뜻하게 사랑해주었다. 그 사랑에 보답하도록 예쁜 딸이 되고 싶었다. 그래서 그녀의 기대에 부응하느라 자유롭지 못했던 것도 사실이다.

이것은 실제 내 모습과도 닮았다. 나는 부모님에게서 여전히 자유롭지 않다. 〈와일드〉에서 셰릴의 엄마처럼 우리 엄마도 어려운 중에도 행복을 찾고 감사하며 밝은 모습으로 살아가는 사람이다.

그 긍정적인 면이 아빠도 변화시켰다. 그런 엄마에게 나는 아주 살 가운 딸은 아니지만, 그래도 걱정 끼치지 않으려 최선을 다한다. 그래서 둘째 딸이기에 책임감을 덜 느낄 수 있는데도 스스로 행동 을 제약하는 경우가 많았다. 이런 모습을 본 친구들이 부모님에게 서 벗어나 자신이 진정으로 원하는 삶을 살아야 한다고 충고했다. 부모님은 자식이 행복하길 바라기 때문에 진정으로 원한다면 흔쾌 히 밀어주실 거라고 말이다.

산티아고 순례와 〈와일드〉의 트레킹은 장소와 거리만 다를 뿐, 자신의 내면과 싸우며 행하는 긴 도보 여행이라는 점에서 같다. **셰 릴은 엄마에게 자랑스러운 딸로 거듭나고자 그 길을 걸었지만 그 길을 걷지 않아도, 걷다가 포기해도 혹은 어떤 모습이든 원래부터 엄마에게 자랑스러운 딸이었다. 엄마에게 딸은 그렇다.** 그것이 이 영화가 내게 준 가장 큰 울림이다. 그 힘든 길을 걷는 이유는 다만 나 스스로 변하고 성장하고 싶어서이다. 완주하고 나면 무언가 해냈다 는 성취감으로 추락했던 자존감이 조금은 나아질 것 같아서 걷는 것이다. 자신에게 자랑스러운 사람이 되고 싶어서. 그리고 이것을 해낸 용기로 다른 일도 해낼 수 있을 것 같아서. 그러니 이제 부모님 핑계는 그만두어야겠다. 예쁜 딸이 되고 싶어서 하지 못한 게 아니 라 내가 자신이 없어서, 혹은 아무도 그리 하라고 하지 않았는데 스 스로 가두어서 못한 것이다. 이제는 자신을 용서하고 사랑하고 자랑 스러워 할 수 있도록 용기를 내고 행동해야 할 때인 것 같다.

〈와일드〉(Wild, 2014), 장 마르 발레 감독

론세스바예스(Roncesvalles), 팜플로나(Pamplona), 부르고스(Burgos), 레온(Leon)에서

글렌(Glen)

<소년, 소녀 그리고 바다>, 진정한 어른

미국 뉴멕시코에서 온 글렌(Glen) 아저씨는 마마 팀의 일원으로 론세스바예스에 도착해서 함께 저녁 먹을 때 처음 만났다. 화를 절대로 낼 것 같지 않은 인자한 인상으로, 말수도 적고 조용하게 말씀하시며, 목소리가 나긋나긋하고 부드러웠다. 이런 그가 동네에서는 가죽 잠바를 입고 자동차보다 비싼 오토바이를 몰고 다니는 터프가이란다. 그런 모습이 상상이 가지 않는다고 말했더니 사진을 보여주셨다. 반전매력이 있는 분이었다.

처음 함께 한 식사 자리에서 내 나이에 대한 이야기가 나왔는데, 열 살도 넘게 어리게 봐주었다. 서양인들은 동양인의 나이를 잘 짐

작하지 못한다. 우리도 그들의 나이를 짐작할 수 없듯이. 나이가 많은 탓에 이곳저곳 아픈 데도 많다고, 특히 무릎이 아프다고 지나가는 말로 얘기했는데 식사 후 글렌 아저씨가 나를 찾아오셨다. 200개 가까이 되는 침대 중 나를 찾아 무릎 보호대를 주셨다. 치수가 다른 두 개를 가져왔다며 작은 것을 준다고 했다. 무거운 배낭을 지고 걸어야 하는 순례자들은 짐의 무게를 생각해 꼭 필요한 것만 가져온다. 그도 배낭을 싸기 전 몇 번이나 덜어내는 작업을 했을 것이다. 두 개를 가져왔다면 모두 사용해보고 잘 맞는 것을 선택하려 했음이 틀림없다. 지금은 카미노의 초반이고 아저씨는 이것을 사용해본 적이 없다. 감사하지만 미안한 생각이 들어 받기를 주저했더니, 내가 유용하게 써주면 자신이 더 기쁠 것 같다고 말씀하셨다.

다음날, 순례자들의 코 고는 소리에 잠을 자지 못하고 새벽에 일어나 방황하다가 일찍 출발하는 아저씨를 다시 만났다. 아저씨는 또 근처 레스토랑 아침 식사권을 내게 주고 싶어 하셨다. 나도 전날 이미 식사권을 사놓은 터라 아저씨가 식사를 하고 출발하면 좋겠다고 권했지만, 아저씨는 옆에 있던 일본인 순례자에게 식권을 주고 가셨다. 가지고 있는 것 중 나눌 수 있는 건 최대한 아낌없이 나눠 주고, 받는 이의 마음까지 배려하는 분이었다.

팜플로나에서 마마 팀 모두와 함께했던 즐거운 식사 자리에서 아저씨는 나에게 잘하고 있다고 토닥거리며 칭찬하고, 응원해주셨다. 걱정하고 보호해주는 마마와 다른 방식이지만, 아저씨의 말 한

마디가 위로가 되고 힘이 되었다. 그런 아저씨가 좋아서, 속상했던 날 아저씨 얼굴을 드로잉하며 마음을 다스리기도 했다.

마마 팀을 레온에서 다시 만나 저녁을 먹으러 대성당 앞 번화가로 나왔을 때, 며칠간 내게 일어난 이야기를 들은 아저씨가 말했다.

"내가 너의 죄책감을 대신 다 가져 줄게. 너는 그냥 평화롭게 걸었으면 좋겠다. 너의 속도에 맞게. 너의 몸 상태에 맞게."

'죄책감을 느끼지 마라'고 해도 죄책감을 느끼지 않을 성격이 아니라는 것을 알기 때문에 해주신 말씀이다. 아저씨의 그 말을 듣고 그동안 나를 무겁게 짓눌렀던 모든 것이 단번에 해결되었다. 마음이 한결 가벼워졌다. 일본영화〈소년, 소녀 그리고 바다〉(가와세 나오미 감독)의 카메 할아버지가 생각났다. 영화 속 대사는 이렇다.

카메 : 나이가 들면 쓸데없이 폐를 끼치지 않도록 조심해야 해. 대답도 잘하고 남들 기분 상하지 않게 잘 행동해야 해.

코코 : 훌륭하네요

카메 : 훌륭한 것 같니? 겁이 많아져서 그런 거야. 너희 같은 젊은이들은 겁쟁이어서는 안 돼. 뭐든지 하고 싶은 대로 하고, 생각한 대로 말하고, 울고 싶을 때는 울어. 그 뒤치다꺼리는 나 같은 사람이 다 해줄 테니.

카메 할아버지의 말씀을 들으며 소녀와 소년도 마음에 지웠던

〈소년, 소녀 그리고 바다〉(Still the Water, 2014), 가와세 나오미 감독

짐들을 상당히 내려놓았을 것이다. 이런 분들이 진정한 어른이라는 생각이 든다. 이혼한 엄마와 사는 소년, 죽음을 앞둔 엄마와 사는 소녀. 사건 사고가 많은 암울한 분위기의 바다마을에서 이 청춘들은 고민이 너무 많고 사는 것이 힘들다. 이들에게는 비판이나 충고, 질책은 힘이 되지 않는다. 요즈음 우리나라도 영화 속 우울한 마을과 다르지 않다. 청소년들이 하고 싶은 대로 하며 살기 힘든 세상이다. 하지만 본인들에게 모든 짐을 맡기고 자유롭게, 평화롭게, 행복하게 지내라는 어른들은 과연 얼마나 될까. 그런 어른들이 많아야 젊은이들이 역경을 헤쳐나갈 힘을 가질 수 있을 텐데…. 소녀도, 청년도 아닌 나 역시도 그런 참된 어른들에게 힘을 받고 있으니 말이다.

　나부터 성장해서 글렌 아저씨나 카메 아저씨 같은 참 어른이 되어야겠다. 아, 갈 길이 멀다.

에스테야(Estella) - 비아나(Viana)에서

미경, 마리아(Maria),
안토니오(Antonio), 알베르트(Albert)

〈와인 미라클〉, 포도밭의 주인이 되느냐 일꾼이 되느냐, 그것이 문제로다

에스테야에서 출발한 후 바로 갈림길을 만났다. 그곳에선 여러 순례자가 안내책이나 앱을 보며 어디로 가야 할지 고민하고 있었다. 나도 잠시 고민하다가 내가 가진 앱이 알려주는 길로 가려고 했다. 그런데 순간, 한국인 친구가 다른 길로 가면 이라체 수도원(Monasterio de Irache)이 있다고 알려주었다. 물과 와인이 나오는 샘이 있기에 유명한 곳이었다. 그녀가 아니었으면 못 볼 뻔했다. 앱은 주로 산티아고로 가는 가장 빠른 길을 알려준다. 그런데 가끔 그 길 이외에 여러 대체길이 있다. 대체길이 대개 거리는 멀지만 더 아름다운 경우가 많기에 그런 정보를 잘 파악해두면 도움이 된다. 나

를 안내해준 그녀, 미경은 하던 일을 그만두고 다른 진로를 고민하기 위해 이 길을 걷고 있다고 했다. 그녀와 이라체 수도원에 가서 와인 맛을 보았다. 사람들 얘기대로 그렇게 훌륭한 와인은 아니었다. 다만 수도원에서 순례자를 위해 공짜로 제공하는, 수도꼭지에서 나오는 와인이라 특별한 의미가 있었다. 가볍게 한 모금만 마셨는데 기분이 좋아졌다.

다시 길을 걷다가 미경이와 잠시 함께 걸었던 영국인 마리아(Maria)를 만났다. 마리아는 자신을 홈리스라고 소개할 만큼 꽤 오랜 기간 여행 중이었다. 그녀는 스페인 바르셀로나에서 온 안토니오(Antonio), 알베르트(Albert)와 함께 걷고 있었다. 이 둘은 엔지니어로 직장 동료였는데 안토니오는 퇴직했고 알베르트는 휴가를 얻어 이곳에 왔다고 했다. 이 길을 좋아해서 자주 온단다.

알베르트는 우리에게 스틱을 사용해서 걷는 법을 제대로 알려주고 싶어 했다. 상세하게 설명해주고, 걷는 것을 계속 지켜보았다. 알베르트가 보고 있을 땐 알려준 대로 신경 쓰고 걷다가, 시선을 거두면 이내 정신을 놓고 내 맘대로 걸었다. 오른쪽 스틱과 오른발이 같이 나가기도 하고, 한 번 스틱을 찍을 때 두 걸음을 걷기도 했다. 그럴 때마다 그는 어김없이 지적하고 수정하도록 했다. 엄격한 선생님이지만 그 덕에 바르게 걷는 법을 배웠다. 확실히 스틱을 이용해 정확한 방법으로 걸으면 힘이 덜 든다. 우리는 그를 카미노 학교의 마에스트로(Maestro, 선생님)라고 불렀다.

카미노 학교에서 걷는 법 이외에도 재미난 것을 많이 경험했다. 알베르트와 안토니오는 현지인이라서 주민들에게 자주 말을 걸었는데, 일하고 있는 농부에게 인사를 하니 농부가 콩깍지를 던져주었다. 그들을 따라 콩을 까먹었다. 생콩을 이렇게 먹어도 되나 의문이 들었지만 신선한 콩 맛은 신기하게도 아주 달았다. 콩 맛만 본 게 아니다. 알베르트가 아몬드 나무에서 한참 덜 여문 아몬드를 따주었는데 그것도 새콤한 것이 과일처럼 나름대로 맛이 있었다. 아니스를 꺾어서 씹어보라고 주기도 했다. 줄기 부분을 씹었는데, 향긋하고 좋았다. 백리향을 비롯한 꽃들의 이름도 알려주었다. 양귀비꽃이나 데이지를 꺾어주기도 했다. 꽃을 받아본 적이 언제였던가! 다들 하나씩 귀에 꽂고 서로의 모습을 보며 즐거워했다.

그들을 따라 걷는 게 즐거워서 쉬지 않고 오래 걸은 데다 햇볕도 뜨거워서 어지럼증이 왔다. 머리가 핑 돌아 쓰러질 것 같았는데 그들이 바로 응급처치를 해주었다. 모자를 벗게 하고, 포도당 캡슐도 주고, 부채질도 해주었다. 그러다 안토니오 아저씨가 열을 식히려고 머리에 물을 부어주었는데, 그것이 꼭 세례를 주는 것 같아 이후로 그를 파파(Papa, 교황)라 불렀다. 세심하게 돌보아주는 마음 따뜻한 이들과 함께여서 든든했다.

로스 아르코스(Los Arcos)에 도착해 쉬다가 같이 장을 보고 저녁을 만들어 먹기로 했다. 마리아가 주가 되어 카르보나라를 만들고, 미경이와 내가 보조 역할을 맡았다. 알베르트와 안토니오는 샐러드를 만들었다. 알베르게의 부엌 가득 순례자들이 복작거렸다. 음식을 해먹는 게 귀찮은 일이라 생각했지만, 그들과 함께 만들고 먹으니 생각보다 재미있었다.

다음날도 그들과 함께 걸었다. 하늘에 구름이 많아 밝아오는 여명에 새벽하늘이 한층 더 아름다웠다. 비가 오지 않길 바라며 걷기 시작했는데, 이내 하늘에서 비를 뿌리기 시작했다. 일행들은 저마다 우비를 꺼내 서로 도와가며 입었다. 다섯 모두의 우비 색깔이 다 달랐는데 그 작은 것으로도 모두 즐거워했다.

아직은 나바레(Navarre)주이지만 곧 와인으로 유명한 리오하(La Rioja)주에 접어들게 된다. 그래서인지 밀과 보리밭보다 포도밭이 많았다. 안토니오 아저씨가 포도밭에 대해 이런저런 설명을 해주었다. 포도나무와 올리브나무는 서로에게 좋은 영향을 미친다고 한다. 그래서 포도밭 위로 올리브나무를 많이 볼 수 있는 거라고. 또 일렬로 심겨 있는 포도나무들 맨 앞에 장미를 많이 볼 수 있는데, 장미가 병충해에 약하기 때문에 그것을 보고 포도나무의 병충해를 예방한단다. 새 포도밭과 100년 된 포도밭이 어떻게 다른지도 보여주었다. 100년 된 포도나무는 줄기가 확실히 굵고 굽이치는 모양도 힘찼다. 물주는 것을 비롯해 전혀 기계를 쓰지 않기에 와인 값이 더 비싸다고 한다. 밀, 보리 같은 농작물에는 농부가 나라에 세금을 많이 내는데, 포도밭 주인은 세금을 거의 내지 않는단다. 와인이 만들어지고 나면 그 와인을 사 먹는 소비자가 세금을 내게

된다고. 그래서 포도밭 주인은 돈을 많이 벌 수 있다고 한다.

"포도밭 주인한테 시집갈래요."

내가 농담으로 말했는데, 아저씨가 아주 진지한 얼굴로 "왜 너는 자신이 포도밭 주인이 될 생각을 하지 못하는 거야?"라고 물었다. 순간 창피해졌다.

그러면서 진지한 그에게 또 농담으로 변명을 했다.

"나는 포도밭을 살 돈이 없으니까요. 하지만 포도밭에 취직한다면 정말 열심히 일할 자신은 있어요. 아저씨가 사서 나를 일꾼으로 써줘요."

그는 말했다.

"포도밭은 돈이 문제가 아니야. 시간이 문제지. 나에게는 충분한 시간이 없어. 포도나무는 심고 나서 5년 동안은 거의 가치가 없어. 그 후 20년까지 조금씩 산출물이 있고, 25년 이후부터 좋은 와인을 생산할 수 있는 포도가 나거든. 너는 젊고 열정도 있으니까 나는 네가 충분히 포도밭의 주인이 될 수 있을 거라 생각해."

가볍게 농담조로 이야기를 시작한 거라 진지한 충고에 조금 당황했다. 하지만 그는 짧은 만남에서도 그만의 연륜으로 내가 자신감이 없고 자괴감에 빠진 것을 눈치챈 듯했다. **자신감이 없다 보니 대화에서 드러나듯 다른 사람의 업적에 묻어가려는 경향이 생겼다. 남이 열심히 차려놓은 밥상에 숟가락만 얹겠다는 심보까지는 아니지만, 내가 무언가 일을 벌일 용기가 없는 것은 분명했다.**

그냥 돈벌이 수단의 직업과는 달리 자신이 하고 싶어 뛰어든 분야에서는 여러 위험부담을 안고 모든 것을 다 쏟아부어야만 성공이 가능하다. 그렇게 일을 시작한 사람들은 일에 대한 마음가짐이 다르다. 캘리포니아 와인의 성공 신화를 다룬 영화 〈와인 미라클〉(랜달 밀러 감독)에서 보면 좋은 와인은 저절로 생겨나지 않는다. 프랑스 와인과의 블라인드 테이스팅 대회에서 1등을 차지한 샤르도네를 만든 짐은 모든 공정에서 완벽을 기했다. 이론으로만 존재하는 갈색 와인이 만들어질 정도였다. 모든 농사일이 그렇듯 이 영화에서도 "포도밭에 가장 좋은 비료는 주인의 발걸음 소리"라는 대사가 나온다. 날씨까지야 주관할 수 없지만, 토양을 조절하고 관개를 제한해 포도의 향기를 좋게 만드는 일은 물론 다른 와이너리에서는 한 번이면 족한 래킹(Racking, 오크통에서 숙성 중인 와인을 따라내어 다른 오크통으로 옮기는 작업)을 여러 번 하는 수고도 마다하지 않는다. 그의 와이너리에서 일하는 일꾼 구스타보는 와인의 포도 품종은 물론 생산연도까지 맞춘다. 그 정도의 미각을 갖추기 위해 그가 한 노력은 짐작이 가고도 남는다. 그는 자기만의 와인을 만들다가 짐의 눈 밖에 나는데 그때 그는 억울해하며 이렇게 말한다.

"몇 가지 좀 배우고 포도를 길러서 괜찮은 와인을 만든다. 그런 식으로는 안 돼요. 핏속에 배어 있어야 해요. 손톱 밑에 흙이 끼어서 자라고, 마시는 공기에서 포도 냄새를 맡아야 해요. 포도 재배를 예술이라고

〈와인 미라클〉(Wine Miracle, 2008), 랜달 밀러 감독

와인 미라클

생각하고 포도즙을 정제하는 것을 신앙처럼 생각하고 고통을 감내하고 열망과 희생이 필요한 겁니다. 제 아버진 그러셨어요. 일꾼이라 자기 와인을 만들 기회는 없었죠. 어떻게든 난 그 꿈을 이룰 겁니다."

결국 그는 자신의 와이너리를 갖게 된다. 프랑스에서 와인 숍을 하는 영국인 스퍼리에도 자신의 가게를 부흥시키기 위해 항상 궁리하며, 좋은 와인을 찾아 나파 밸리에 와서 스스로 편견을 부순다. 이렇듯 이 영화에 나오는 이들은 모두 강한 열망으로 엄청난 노력을 하여 꿈을 실현한다. 거저 얻어지는 것은 아무것도 없다. 조금 편히 살고자 다른 사람이 수고한 것을 나누어 가지려 해도 응당 대가는 치르게 되어 있다.

영화 일을 하는 나의 가장 친한 친구는 치열하게 일한다. 자신이 좋아하는 일이기에 목숨 걸고 한다. 목숨 건다는 표현이 그 친구에게는 과장이 아니다. 대표로서 위험을 감내한다. 나는 한 번이라도 무슨 일을 그리 한 적이 없다. 최선을 다한다고 하지만 그 친구만큼은 아니다. 우연한 기회에 새로운 삶을 살게 되고 자기가 좋아하는 일을 찾아 성공한 사람들의 이야기를 들으면 내겐 주어지지 않은 행운을 가졌다는 생각이 든다. 하지만 그 사람들의 일화에 빠지지 않는 것은, 평범한 인생에는 위험하다 보일 수 있는 시도를 하면서 삶의 길을 개척한다는 것이다. 과감히 행동으로 옮기지 않고 저절로 물꼬가 트이는 법은 없다.

그렇다고 누구나 사업의 대표가 되어야 한다는 것은 아니다. 사업은 열정만으로 되지 않는다. 재물도 있어야 하고, 없다면 큰 재물을 빌릴 강심장을 가져야 하고 그것을 잘 운영할 두뇌도 있어야 한다. 아무것도 가진 것 없는데 어떤 분야에서 일하고 싶다면 일꾼으로 일해도 된다고 생각한다. 주인이 아니어서 할 수 없는 일은 감내하면서.... 일개 일꾼일지라도 자신이 좋아하는 필드를 벗어나지 않고 열정을 가지고 최선을 다하면, 구스타보처럼 언젠간 원하는 것을 할 수 있을 것이다. 선택은 본인 몫이다. 하지만 잊지 않아야 할 단 하나, 내 삶에서만은 내가 주인이 되어 책임감을 가지고 살아야 한다. 다 된 밥상에 숟가락만 없는다면 밥상의 주인에게 휘둘리며 살게 될 것이다. 다른 이들에게 기대고 휘둘리다가는 나 자신을 영영 잃게 될지 모른다.

비아나(Viana) – 나바레테(Navarrete)에서

현수 언니

〈토니 에드만〉, 유머 감각을 되찾기를

비아나 알베르게 이사르(Izar)에는 한국인이 많았다. 나를 포함해 총 여섯 명. 이들 중 딸과 함께 길을 걷고 있는 어머니가 한국인 모두를 위해 음식 재료를 사 오셔서 저녁을 함께 먹자고 하셨다. 본인과 딸만 챙기기도 힘드실 텐데, 같은 한국인이라는 것만으로 우리 모두를 생각해주는 마음이 감사했다. 음식 만드는 것을 돕고 가져온 건조 김치와 된장국도 모두 내놓았다. 어머니가 구워주신 스테이크와 샐러드에 쌀밥, 김치와 된장국이 더해지니 그럴싸한 한식 상차림이 되었다. 사실 건조 김치가 그렇게 맛있진 않았지만, 다들 김치를 먹으니 너무 좋다고 해서 아껴둔 걸 나눈 게 기뻤다. 낮

잠을 자느라 식사 준비를 돕지 못한 친구 두 명이 와인을 사 와서 함께 마시며 많은 이야기를 나눴다. 그러다가 분위기에, 와인에 취해 실없는 말을 너무 많이 했다. 잠이 들면서 내가 한 말들이 떠올라 괴로웠다. 말을 하면 할수록 좋은 것이 하나도 없음을 자주 경험한다. 아주 친한 친구를 만나 이야기를 하더라도 내 얘기를 많이 했을 때 집에 오면 마음이 편치 않다. 말을 많이 할수록 헛된 말들로 마음이 어지럽혀진다. 다음날 아침, 언니가 매일 보내주는 성경 구절이 나에게 딱 맞는 일침을 주었다.

속되고 헛된 말을 피하라. 그러한 말은 사람을 경건치 않은 데로 더욱 더 빠지게 하나니.

(디모데후서 2:16)

묵언 수행을 해야겠다고 생각했다. 비아나의 다음 마을인 로그로뇨까지 말 한마디 하지 않고 걸을 수 있었는데, 로그로뇨에 진입하자마자 비아나 숙소에서 내 아래층 침대를 썼던 현수 언니를 만났다. 언니는 상담사다. 내게 무언가 도움이 되길 원했고, 그래서 이것저것 세세하게 물어보며 이야기를 이끌어냈다. 언니의 마음이 감사했지만, 끊임없이 말하는 것이 힘들었고 감정을 묻는 질문에는 답하기가 어려웠다. 스쳐 지나가는 사람에게 나를 다 드러내 보일 필요가 있을까 하는 생각도 들었다. 터놓고 이야기하지 못하는

나를 보며 언니는 내가 가볍게 이야기하지 못하는 걸 보니 아직 지난 상처가 회복되지 않은 것 같다고 했다. 잘 해결하고 회복해야 새로운 무언가도 잘 시작할 수 있다고. 나는 나름대로 주어진 문제를 해결하면서 잘 지내고 있는데, 언니는 몇 마디 말로 나를 판단한다는 생각이 들었다. 혹은 정말 언니 말대로 아직도 내가 과거에 매여 회복되지 못한 상태일까. 혼란스러웠다.

비가 끈질기게 내렸다. 많이 퍼붓지 않아서 다행이었지만, 내내 구름 끼고 어두운 데다 기온도 낮아서 추웠다. 그동안 걸었던 시골길과 다른 큰 도시의 길을 걸었던 탓도 있겠지만, 아름다운 풍경도 음산하게 느껴졌다. 지치고 무거운 몸을 이끌고 들어간 나바레테 (Navarrete)의 알베르게에는 순례자들이 없었다. 덕분에 조용하게 쉴 수는 있었지만, 음산한 기운은 배가 되었다. 언니와 레스토랑을 찾았으나 문을 연 곳도 없었다. 순례자들이 많이 머무는 마을을 피해 조용한 시간을 보내고 싶었는데, 그것이 꼭 좋은 것만은 아니었다.

저녁을 먹은 후에는 언니가 타로 점을 봐주었다. 타로카드가 순례길에서 짐이 될 수도 있지만, 언니는 만나는 사람들에게 친근하게 다가가고 조금이라도 즐거움이 되도록 카드를 가지고 다닌다고 했다. 사랑에 대한 카드를 뽑았는데, 골드미스 카드가 나왔다. 혼자 산다는 의미다. 언니가 골드미스라는 것은 성공하여 자신의 삶을 즐길 수 있는 것이니 좋은 의미로 받아들이라고 했다. 새로운 직장에 대한 카드를 보고는, 신중하게 잘 알아보고 준비를 많이 해야만 가능하다고 했다. 새로운 것을 시도하기보다 과거에 하던 일을 하는 편이 낫단다. 두 질문 모두 내가 원하는 답을 얻지 못했다. 하지만 난 이런 것을 믿지 않는다. 오히려 파울로 코엘료가 한 '모험이 위험하다고 생각된다면 그냥 일상적인 삶을 살아라. 하지만 그건 더 치명적이다' 같은 말이 와 닿는다. 재미로 본 점인데, 재밌지 않고 되레 심각해졌다.

나는 노후까지 안정되게 살 수 있어 한국인이 선호하는 직업 순위 안에 드는, 교육 공무원직을 그만두었다. 그만두기 쉽지 않았고 지금도 생활이 쉽지 않지만, 그래도 정말 잘한 일이라고 생각한다. 직업을 갖기 전 무엇을 하고 싶고 무엇을 잘하는지에 대한 고민을 깊이 하지 못했다. 교사를 하는 동안 열심히 살았지만 행복하지 않았다. 그래서 늦은 감이 없지 않지만, 자신을 자세히 들여다보고 내가 무엇을 좋아하고 어떤 것을 잘할 수 있는지 고민하며 진로를 다시 결정하자고 생각했다. 영화를 좋아하고 기회가 주어졌기에 영화 제작, 배급, 마케팅 일을 하게 되었고, 부산영화제는 물론 칸 영화제까지 바이어로 갈 수 있었다. 좋아하는 미술관에 취직해 미술관 교육에 참여하고 여러 화가의 작업실을 방문하는 기회도 가졌다. 코이카 해외 봉사단원으로 파라과이에 파견되어 2년간 음악교육도 했다. 칠레, 아르헨티나, 페루, 볼리비아는 물론 쿠바, 콜롬비아, 멕시코까지 중남미 여러 나라를 실컷 여행할 수도 있었다. 지금은 이렇게 산티아고 순례길을 걸으며 각국의 다양한 사람을 만나고 있다.

그러나 아직도 나는 진로를 결정하지 못했다. 여전히 진로에 대해 고민을 하고 모험을 하면서 때때로 걱정하고 두려워한다. 교사를 그만둔 후 가진 다양한 경험은 계속 교사를 했다면 절대로 하지 못했을 소중한 것들이다. 그걸 잘 알면서도 기회를 살리지 못하고 포기하거나 실패하면서 점점 자존감을 잃고 있는 것은 왜일까.

그 해답을 영화 〈토니 에드만〉(마렌 아데 감독)을 보면서 찾았다. 여주인공 이네스의 시종일관 심각한 얼굴에서 나 자신을 보았다. 이네스는 아빠가 그녀에게 인생의 의미를 어디에 두냐고 물었을 때, 대답 대신 화를 낸다. 바쁘게 열심히 살고 있으니 이 정도면 의미 있게 사는 것 아니냐는 뜻이다. 얼토당토않은 장난으로 그녀의 진중한 인생에 태클을 걸어오는 아빠를 보며 그녀처럼 나도 화가 났다. 그 장난들이 하나도 재밌지 않았다. 그러나 이네스가 아빠의 행동을 이해하게 될 즈음 나도 그를 이해했다. 아빠는 시종일관 몸으로 말한다. 인생은 그리 심각하게만 살아야 할 것이 아니라고. 죽어도 하기 싫은 일을 해가면서 무언가를 이루어낼 필요는 없다고. 유머를 잃지 말라고…. 그래서 불가리아 털북숭이 탈을 쓴 아빠와 이네스가 포옹하는 장면에서는 뭉클했다. **영화 후반부, 아빠가 그녀에게 왜 삶의 의미를 물어보았는지 직접 말해준다. 그녀는 뭘 이루는 데에만 치중하고 있어서 문제라고…. 이것이 나의 문제였다. 이네스처럼 나는 유머를 잃었고, 재미도 느끼지 못하고, 무언가를**

〈토니 에드만〉(Toni Erdmann, 2016), 마렌 아데 감독

이루는 데에만 치중하고 있었다. 현수 언니가 들여다 본 심각한 나, 재미를 모르는 나. 그것이 이를 반영하는 거였다. 〈토니 에드만〉에서 아빠의 말처럼 인생은 이것저것 하는 사이 그냥 지나가 버린다. 그리고 그 안에 소중한 순간들이 있다. 지나고 나서 깨닫지 말고 순간순간을 아름답다고, 재미있다고 그리고 감사하다고 느끼면서 살아야 한다. 무엇인가를 이루어내는 게 뭣이 그리 중요한가!

아소프라(Azofra) - 레온(León)에서

아나(Ana)

〈버드맨〉, 독수리처럼 비상한다

아나는 2인 1실인 아소프라의 공립 알베르게에서 룸메이트로 만났다(한국인이지만 그녀의 사생활 보호를 위해 영문 이름을 사용한다). 예쁘고 도도하게 생긴 그녀는 방에 들어오자마자 형식적인 인사를 한 후 바로 침낭에 들어가 낮잠을 잤다. 바람이 심하게 불고 몹시 추워서 방도 야외에 텐트를 친 것처럼 추웠다. 나도 침낭에 들어가 누웠지만 잘 수 없는 지경이었다. 내가 부스럭거려서인지 그녀도 이내 잠에서 깨어 와이파이를 사용할 수 있는 공용 공간으로 나갔다.

어쩌면 뜨거운 물에 샤워하는 편이 덜 추울 수도 있겠다 싶어 샤

워실로 가려는데, 길에서 만나 몇 번 인사를 나눴던 이탈리아 할아
버지가 따라왔다. 같이 파스타를 먹으러 가자고 했다. 할아버지가
너무 가깝게 다가오고, 손에 뽀뽀까지 해서 기겁을 했다. 동양 여자
를 무조건 좋아하는 서양 할아버지들이 있다더니 그런 사람인 모
양이었다. 나는 친구와 함께 있고 이 친구와 같이 밥 먹으러 갈 거
라고 말하고 할아버지에게 도망쳐 방으로 들어왔는데 그가 방까지
쫓아왔다. 화장실로 도망가니 화장실로 쫓아오고, 샤워실로 도망
가니 샤워실까지 쫓아왔다. 결국 룸메이트가 있는 곳으로 가서 도
움을 청했다. 그녀는 강하게 "No!"를 말해주었고, 그 덕에 더는 따
라오지 않았다. 그 일로 우리는 한 발짝 가까워졌다.

아나와 바에 가서 이른 저녁을 먹기로 했다. 세 가지 코스 요리와
와인까지 제공되는 순례자 메뉴는 보통 7~8시가 되어야 서비스가
시작되는데, 들어간 곳에서는 순례자 메뉴를 정해진 시간 없이 제
공하고 있었다. 시간도 여유 있고 음식도 나쁘지 않은 편이라 우리
는 음식을 즐기며 천천히 이야기를 나누었다. 그녀는 밝고 솔직한
성격의 소유자였다. 잘 알지도 못하는 내게 자신의 아픈 이야기를
모두 풀어냈다.

사람들은 아픈 기억을 쉽게 털어내지 못한다. 나도 그렇다. 아픔
을 치유하려면 그것을 숨겨두는 것이 아니라 수면으로 끄집어 올
려 마주해야 한다는 것을 안다. 하지만 그러기 쉽지 않다. 그런데 그
녀의 이야기를 들으면서 내가 숨겨두었던 아픈 것들도 쉽게 꺼내

놓을 수 있었다. 전에 만났던 현수 언니와는 완전히 다른 방식이었다. 언니가 왜 내게 아직 문제 해결을 못하고 있다고 했는지 알 것 같았다. 꼭꼭 숨겨놓았던 것을 펼쳐 아나와 이야기를 나누는 동안 울기도 하고 웃기도 하고, 서로 위로하고 위안도 많이 받았다.

이 길에서까지 한국인을 만나 한국에서의 일을 이야기하고 싶진 않는데 벌써 세 명의 한국인을 만났고, 서로 다른 유형의 그녀들에게 다양한 방식으로 위로받았다. 진심 어린 조언도 들었다. 이 길은 내가 무언가 계획한다고 해서 그대로 되지 않는다. 우연한 일들이 일어나서 더 즐겁고 감사할 때가 많다. 적당히 혼자가 되기도 하고, 사람들이 필요할 땐 또 어김없이 나타난다.

다음날, 그녀도 나도 혼자 걷는 것을 선호하기 때문에 진한 만남을 뒤로하고 각자 길을 떠났다. 그리고 그녀를 이틀 뒤 부르고스에서 다시 만났다. 이틀 동안 성당 알베르게의 차가운 바닥에 매트를 깔고 자서 몸에 한기가 들었다. 그래서 부르고스에서는 좀 좋은 숙소에 묵고 싶었는데 비가 많이 와서인지 예약할 수 있는 숙소가 없었다. 먼저 도착했을 그녀가 숙소를 나누어 써주면 좋겠다고 생각했다. 다행히 그녀와 연락이 닿았고, 흔쾌히 더블베드 한쪽을 나눠주겠다고 했다. 그녀 덕분에 뜨거운 물에 몸도 담그고 편히 쉴 수 있었다. 저녁에는 현지인들 사이에 유명하다는 식당에서 새우와 오징어구이를 안주 삼아 상그리아를 마셨다. 현지인들로 꽉 차 합석은 기본이었지만, 해물이 신선해서 맛있었다. 아나는 직업은 따로 있지만 상담심리학을 공부하고 있는데, 아는 것이 많아 그녀와의 대화는 항상 흥미로웠다. 그녀가 설명했던 그리스 신화 속 신들의 유형 중 나는 어떤 유형일까. 사람의 타고난 유형과 기질이 삶을 결정한다는데, 그게 맞는 것 같기도 하고 아닌 듯도 하다. 살면서 경험하는 무수히 많은 사건으로 인간은 변화하니 말이다. 그녀는 꿈 일기를 쓸 만큼 꿈 해석에 대해서도 관심이 많았는데, 자주 독수리가 되어 비상하는 꿈을 꾼다고 했다. 멋진 꿈이다. 내 꿈 이야기를 하고 그녀의 해석을 들으면서 무의식 속에 있는 내 편견을 발견하기도 했다. 그녀와 이야기를 나누면서, 나에 대해 성찰하고 이해하는 기회를 얻었다.

부르고스에서 이틀을 함께 보낸 후 우리는 자연스럽게 같이 길을 걷게 되었다. 부르고스 이후 그늘이 없어 마의 구간이라 일컫는 메세타가 시작되었다. 둘 다 이 길을 피하지 않고 잘 걸어보자는 것에 동의했고, 걸으면서 우린 이 길을 좋아하게 되었다. 메세타는 고원 평지이기 때문에 하늘과 맞닿아 있다. 거치적거리는 것 없이 사방으로 온전한 하늘과 아름다운 구름을 보면서 걸을 수 있다. 길은 곧게 뻗어있어 화살표를 보지 않아도 길 잃을 염려가 없다. 단조로우니 심지어 걷고 있는데 졸려 몽롱한 상태로 걷기도 했다. 길은 단조롭지만 지나는 마을들은 특색이 있다. 오랜 역사를 지닌 유적지들도 많다. 보통은 그날의 목적지에 도착한 후 힘들어서 동네를 산책하는 일은 드문데, 카스트로헤리스에서는 독특한 분위기에 끌려

곳곳을 돌아보기도 했다. 카스트로헤리스에서 모스텔라레스 고원 (Alto de Mostelares)에 오르면서 본 풍경들은 가히 최고라 할 만큼 멋졌다. 막힌 곳 하나 없이 사방으로 넓디넓은 연둣빛, 초록빛 밭들, 생명선 같이 연결된 길들, 낮은 흙산에 달팽이 등껍질처럼 말아 올라가며 심긴 나무들, 물결처럼 펼쳐있는 하얀 구름 등 이 모든 자연이 떠오르는 진한 햇빛을 받으며 더 강한 인상을 만들어냈다. 고원에서 내려와 걷는 평지 길도 아주 단순하지만은 않았다. 오래되고 소박한 성당도 만나고, 예쁜 강을 보면서 아름다운 돌다리도 건너고, 나무가 길게 늘어선 길도 걸었다.

길에서 우리는 각자 걸으며 혼자만의 시간을 갖기도 하고, 같이 걸으며 이야기를 나누기도 했다. 일주일 정도 이렇게 함께하다 보니 그녀가 참 좋아졌다. 아나는 훌륭한 상담가가 분명하다. 내 이야기를 잘 끌어낼 뿐 아니라 공감을 정말 잘해줬다. 나를 판단하지 않고, 내 기분을 같이 느껴주었다. 나는 덤덤하게 이야기를 하는데 오히려 그녀가 그 속에서 아픔을 느끼고 울어주었을 때, 치유 받는 느낌이 들었다. 또 그녀는 자주 "넌 잘하고 있어", "너를 응원해", "너의 앞으로가 많이 기대돼"라며 지지해주었다. 그녀의 말에 큰 힘을 얻었다.

그녀와 함께 걸으면서 긍정적으로 생각하고 감사하는 일들이 더 많아졌다. 포블라시온 데 캄포스(Población de Campos)에서 길을 알려주는 분의 말을 잘못 이해하고 더 긴 거리에 쉴 수 있는 마을도 없는 대체 길을 걷게 되었다. 두 개의 화살표가 다른 곳을 향하고 있는데 크리스탈로 장신구를 만들던 할아버지가 우측으로 꺾는 길이 낫다고 알려주셨고 우리는 그 길이 지름길이라고 생각했다. 왜 할아버지가 말한 'better'의 의미를 그렇게 해석했는지 모르겠다. 길이 아름다우면 거리가 좀 길더라도 괜찮다고 생각했고, 스스로 돌아가는 길도 선택해봤는데 말이다. 길이 거리상 원래 코스와 크게 차이가 있는 것은 아닌데, 쉴 수 있는 마을이 없었기 때문에 많이 힘들었다. 하지만 우리는 결과적으로 '더 나은' 이 길을 걸었던 것에 감사했다. 길의 아름다움을 볼 수 있는 친구와 함께 있었기 때문이다. 수로에 물이 흐르는 광활한 밭들뿐 아니라 나무와 갈대, 꽃도 많았다. 개울이 흐르는 숲길도 걸었다. 특별해 보이는 작고 예쁜 교회(Ermita de la Virgen del rio)도 만났다. 또 사방이 광활한 유채꽃밭으로 둘러싸인 카페에도 갔다. 카페 안에서 보는 창밖의 풍경이 온통 노란 유채꽃이었다. 그것이 현실적이지 않아서 누군가 그려 걸어놓은 그림처럼 보였다. 그곳에서 맛있는 음식을 나눠 먹으며 우리는 그대가 있어 이런 곳에 올 수 있었던 거라며 서로에게 감사했다.

그녀는 나와 아주 다르다. 그녀는 감정에 솔직하다. 나는 사람들의 시선이나 하는 말에 신경이 쓰인다. 크게 웃거나 떠들지 못하고, 감정을 분출하지도 못한다. 반면 그녀는 사람들 눈치 따윈 보지 않는다. 즐거울 때는 박수를 치면서 크게 웃고, 슬플 때는 울고, 속상

한 말을 하는 사람이 있으면 일침을 가해준다. 사랑할 때는 앞뒤 재지 않는다. 무엇보다 그녀의 가장 좋았던 점은 자신과 끊임없이 대화하고 원하는 것을 알아내고 행동으로 옮긴다는 점이다.

영화 〈버드맨〉(알레한드로 곤잘레스 이냐리투 감독)은 슈퍼 히어로인 버드맨 역을 맡아 한때 톱스타로 살았지만 지금은 한물간 배우 리건의 이야기다. 과거의 버드맨에서 벗어나지 못한 나이 든 인물이 주인공임에도 이 영화는 재기발랄하다. 우울한 장면이 펼쳐질까 불안한 부분에서도 그 뻔한 생각을 여지없이 무너뜨린다. 난 리건이 버드맨의 목소리를 듣고 대화를 나누는 것을 환청이라 생각하지 않는다. 자기 자신과 대화를 나누고 있는 것이리라. 자신감으로 꽉 차고 패기 있으며 무엇이든 해낼 수 있다고 생각하는 또 다른 자신. 현실과 동떨어진 자아일지라도 내면에 그러한 버드맨이 있다면 못할 것이 없다. 리건은 늙고 한물간 배우이지만, 버드맨이라는 자신감 넘치는 또 다른 자아와 끊임없이 대화하고 원하는 일들을 실천해나감으로써 브로드웨이에서 재기에 성공한다. 다른 사람 눈에는 무모해보였을 것이다. 헤쳐 나가야 할 어려움도 많았다. 그래도 그는 해낸다. 이 영화를 보고 기분이 참 좋았다. 특히 마지막 장면, 병원 창문으로 뛰어내린 아빠를 보는 샘의 표정을 보고 나도 함께 웃었다. 그녀의 표정을 보면 리건이 얼마나 멋지게 비상했을지 짐작이 간다.

〈버드맨〉을 보며 아나가 떠오른 건 독수리가 되어 비상하는 꿈

〈버드맨〉(Birdman, 2014), 알레한드로 곤잘레스 이냐리투 감독

을 자주 꾼다는 말을 들어서였을 것이다. 하지만 무엇보다도 그녀가 끊임없이 자신과의 대화를 통해 원하는 것들을 찾고 그것을 이루기 위해 최선을 다한다는 점이 리건과 비슷했다. 아니, 리건보다 한 단계 위다. 그녀는 가장 성공한 시점에 스스로 일을 그만두었다. 그리고 현재 그녀는 위험을 감수하고 전혀 다른 삶을 계획하고 있다. 다른 이들에게는 무모하게 보일지 모른다. 〈버드맨〉에서처럼 수시로 불안감이 엄습할 수도 있다. 그래도 그녀는 불안에 잠식당하지 않고 자신과 끊임없이 대화하고 그것을 이룰 방법을 찾아 멋지게 날아오를 것이다. 그런 그녀를 알고 있다는 것만으로도 내겐 행운이다.

카리온 데 로스 콘데스(Carrión de los Condes)에서

산타마리아 성당(Santa Maria del Camino) 수녀님들

〈라라랜드〉, 위로의 노래

카리온 데 로스 콘데스(Carrión de los Condes)까지 마지막 6km 를 걸을 때가 순례길에서 가장 고통스러웠다. 전날 평소보다 많이 걸은 게 무리였는지 발목이 퉁퉁 붓고 몹시 아팠다. 게다가 비도 오 고 바람까지 불어 얼굴로 비가 들이쳤다. 발을 질질 끌다시피 해서 겨우 목적지에 도착했는데, 찾아간 산타마리아 성당 알베르게는 만석이었다. 엎친 데 덮친 격으로 보내놓은 배낭도 내 것만 없었다. 다시 이 발을 질질 끌고 숙소도 배낭도 찾아 헤매야 했다. 정말 울 고 싶었다. 그동안 감사했던 마음이 싹 사라지고 '왜 내게 이런 일 이 생긴 건지' 하는 원망이 터져 나왔다. 동네 주민들과 경찰에게

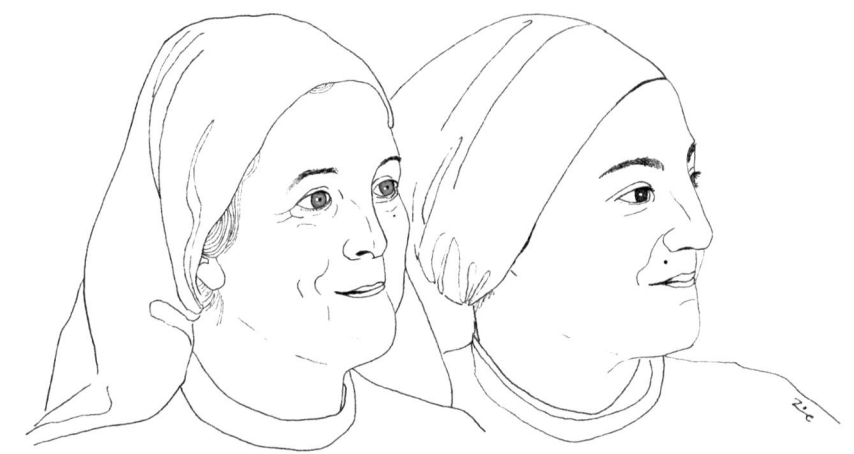

물어물어 근처에 성당에서 운영하는 알베르게가 또 하나 있다는 사실을 알아냈다. 가보니 그곳에 배낭도 있었고 잘 자리도 있었다. 참 다행이었다. 하지만 몸도 마음도 이미 너무 지쳐버렸다.

마음이 스산하여 산타마리아 성당에 다시 가 보았다. 주말이라서 특별 기타 콘서트가 열렸다. 성당에서 열리는 작은 공연이라 크게 기대하지 않았는데 의외로 너무 훌륭했다. 아르헨티나에서 온 연주자였는데 꽤 실력이 좋았다. 파라과이의 유명한 기타리스트인 아우구스틴 바리오(Augustin Barrio)의 곡을 연주할 땐, 파라과이에 있을 때 보았던 그 음악가에 대한 영화 〈망고레(Mangoré)〉도 생각나고 그때의 좋은 추억도 떠올랐다. 잔잔하고 아름다운 기타 선율이 지친 마음을 다독여주었다. 공연 후에는 바로 그 자리에서 미사가 진행되었다. 다른 곳과 똑같은 형식의 미사였지만, 수녀님들이 아름다운 목소리로 성가를 불러주셨기에 특별하게 느껴졌다. 산타마리아 알베르게는 미사 전 수녀님들이 순례자를 위해 아름다운 성가를 불러주는 곳으로 유명하다. 그곳에 머물지 못해 수녀님들의 노래를 들을 수 없다고 아쉬워했는데, 이렇게 미사에서 들을 수 있어 감사했다. 따뜻하고 맑고 평화로운 목소리였다. 소수의 수녀님이 부르는 성가라 소박했지만, 엄숙했다. 그녀들의 얼굴이 너무 밝아서 성당 안이 찬란한 빛으로 가득찬 듯했다. 직접 내게 위로의 말을 건네는 것도 아닌데, 전해지는 마음이 너무 따뜻해서 눈물이 고였다. 부르고스 대성당에서도 이와 비슷한 경험을 했다. 아름다운 합창 소리에 홀리듯 발을 옮겼는데, 지역 어르신들이 모여 성가를 부르고 계셨다. 그들의 합창을, 나직이 허밍 하는 목소리를 들으면서 뭉클했던 느낌이 아직도 마음속에 그대로 남아있다.

이렇게 음악은, 특히 노래는, 사람의 목소리에 감정이 묻어나서인지 더없는 위로가 되기도 한다. 영화에서 크게 위로 받았던 노래는 〈라라랜드〉(데이미언 셔젤 감독)에서 미아가 오디션 때 부른 이모에 대한 것이다.

이모가 파리에 살았어요. 한번은 센 강에 주저 없이 뛰어들었대요. 물은 얼음장처럼 차가웠고 기침을 한 달간 해야 했지만, 그때로 다시 돌아가면 또 그렇게 할 거랬어요. 꿈꾸는 사람들을 위하여. 비록 바보 같은 그들이지만, 아파하는 가슴들을 위하여, 망가진 삶들을 위하여. 그녀를 사로잡았던 느낌, 끝없는 하늘에 그림 같던 석양. 술을 벗 삼아 살다가 촛불처럼 꺼진 그녀지만, 그 열정의 불꽃은 제 속에서 타올라요.

그녀는 말하곤 했죠. 조금은 미쳐도 좋아. 지금까지 없던 색깔들을 보려면. 그게 우릴 어디로 이끌진 아무도 몰라. 그래서 우리 같은 사람이 필요한 거야. 그러니 모두 불러요. 반항아와 이단자, 화가와 시인과 광대들, 꿈꾸는 바보들을 위하여. 비록 미치광이 같은 그들이지만, 부서진 가슴들을 위하여, 망가진 삶들을 위하여.

이 영화는 재즈 피아니스트 세바스찬과 배우 지망생 미아가 꿈을 이뤄나가는 이야기인데, 그들의 현실적인 삶과 이루어지지 않은 사랑 이야기가 몹시 슬퍼서 나오는 모든 음악이 다 뭉클했다. 그 중에서도 미아의 1인극을 본 영화 관계자가 그녀에게 오디션 기회를 주었을 때 불렀던 이 노래는, 심금을 울렸다. 부서진 가슴, 망가진 삶을 위한 노래. **먹고 살기 위해 원치 않는 것들을 해야만 하는 현실에서 꿈이 있다는 것은 참으로 부질없어 보인다. 그래서 꿈꾸는 사람들은 가슴이 부서지고 삶이 망가진다. 그런데 신기하게 자꾸 다시 꿈꿀 힘이 생기는 것은, 때 맞게 찾아오는 위로 때문이다.** 이 길에서처럼 너무 힘들어 주저앉아 일어나고 싶지 않을 때, 이렇게 딱 맞는 위로가 찾아온다. 그러니 조금 미쳐도 괜찮지 않을까. 그로 인해 마음이 아플 수도 있지만, 지금까지 없던 색깔을 보게 될지도 모른다. 안정적으로 순탄하게 산다면 마음은 평안하겠지만, 꿈꾸는 바보들이 볼 수 있는 새로운 세상은 절대 경험하지 못할 것이다. 난 우리를 어디로 이끌지 모른다는 것에 가슴이 뛴다. 그리고 가슴이 부서지고, 삶이 망가지더라도 계속 꿈꾸며 살고 싶다. 이런 삶을 위해 위로의 노래는 계속 될테니....

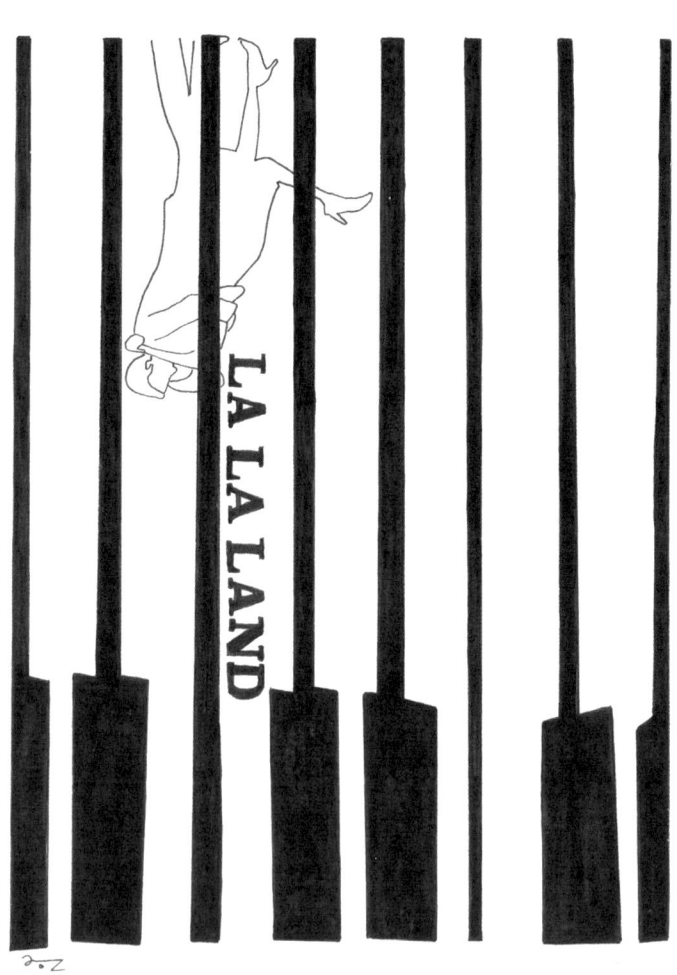

〈라라랜드〉(La La Land, 2016), 데이미언 셔젤 감독

그라뇽(Grañon), 토산토스(Tosantos),
베르시아노스 델 레알 카미노(Bercianos del Real Camino)에서

성당 알베르게의 봉사자들

〈녹차의 맛〉, 가정처럼 따뜻한 곳

너무 더워서 많이 쉬고 천천히 걷다 보니 베르시아노스 델 레알 카미노에 늦은 시간에 도착했다. 찾아간 숙소는 교회에서 운영하는 알베르게(Casa Rectoral)였는데, 우리 이후에 들어온 세 명까지만 수용하고 만석이 되었다. 마지막으로 들어온 여섯 명은 바닥에 매트를 깔고 자야 했지만, 그것만으로도 감지덕지했다. 작은 동네라서 알베르게가 몇 개 없고 모두 만석이라 하마터면 지친 몸을 이끌고 다음 마을까지 더 가야 할 뻔했다.

교회나 성당에서 운영하는 알베르게는 이번이 네 번째였다. 그라뇽, 토산토스, 카리온 데 로스 콘데스 그리고 이곳 베르시아노스

델 레알 카미노. 이런 알베르게에서는 의무는 아니지만 음식 재료 손질이나 설거지 등을 함께 하고, 미사나 기도회도 참석하게 된다. 이용에 대한 대가로 요금을 지불하는 것이 아니라, 기부금이나 헌금의 형식으로 돈을 낸다. 일하는 사람들도 대게 봉사자들이다. 그러다 보니 상업적인 알베르게와는 분위기가 다르다.

처음 갔던 그라뇽의 산후안 바우티스타(San Juan Bautista) 알베르게는 순례자들 사이에서 분위기가 좋기로 유명한 곳이었다. 사실 그곳의 물리적 환경은 아주 열악하다. 바닥에 일인용 매트를 깔고 난민처럼 다닥다닥 붙어서 자야 하고, 빨래를 널 곳도 없어 성당과 100m쯤 떨어진 곳에 널어야 한다. 화장실 겸 샤워실도 한 개뿐이다. 물론 빨래도 포기했고, 옷을 갈아입지도 못했다. 하지만 따뜻한 물에 샤워할 수 있는 것만으로 만족했고, 그곳에 머무는 동안 모두 서로 배려해서 불편함이 없었다. 일하고 있는 봉사자들도 모두 유쾌하고 친절했다. 벽난로가 있어 따뜻하기도 했다. 저녁식사 전 순례자들을 위한 미사도 좋았다. 미사 때마다 느끼는 거지만, 순례자들을 위한 신부님의 축복기도가 너무 좋다. 모두가 함께 나누는 식사 시간도 충분히 새롭고 즐거운 경험이었다. 봉사자의 선창으로 신나게 랩으로 감사 기도를 했다. 음식은 샐러드와 병아리콩 수프로 소박했다. 와인도 한 잔 정도 마실 수 있었다. 하지만 사람들이 만들어내는 분위기가 따뜻해서 부족함이 없었다. 설거지할 사람은 순례자 중에서 지원을 받았는데, 독일에서 온 두 언니를 비롯해 많은 사람들이 함께 했다. 언니들이 춤을 추면서 설거지를 하는 모습이 얼마나 보기 좋던지. 사람들의 밝은 기운을 받아서인지 열악한 잠자리임에도 불구하고 사설 알베르게보다 잠을 더 잘 잤다. 역시 육체는 영혼의 지배를 받는 것이 확실하다.

이렇게 그라뇽에서 따뜻해진 마음으로 토산토스에 갔는데, 그라뇽 성당 알베르게보다 더 가족적인 분위기라고 들었던 그곳에서, 무릎이 아파 이용한 배낭 서비스 때문에 봉사자에게 혼이 났다. 그라뇽 성당 알베르게에선 내가 배낭을 보내려 할 때 봉사자가 운송회사에 직접 전화를 걸어 도와주었기 때문에 이런 금지조항을 몰랐다. 그런데 토산토스 성당 알베르게에선 아예 배낭을 받지도 않았고, 다른 사설 알베르게로 보내버렸다. 그랬으면 차라리 나를 받아주지 말지, 이번만 봐주겠다는 말로 죄책감에 빠지게 했다. 큰 죄를 지은 사람처럼 마음이 불편했고, 그들 앞에서 한없이 작아졌다. 그러다 보니 그곳의 모든 일이 힘들었다. 6시부터 저녁 준비를 도와야 한다고 들어 주방으로 갔는데, 아무도 와 있지 않았다. 이후 한 쌍의 노부부만이 함께 일했다. 감자를 깎고 썰고, 호두를 까고. 별로 할 일이 많지 않았지만, 미움 받는 느낌에서 벗어나고자 이렇게 일을 하고 있다는 생각이 드니 진정한 봉사로 느껴지지 않았다. 일하는 기쁨이 없었다. 저녁은 와인만 없을 뿐 그라뇽에서의 식사와 비슷했는데, 분위기도 다르게 느껴지고 전혀 즐겁지 않았다. 식사 후 있었던 기도회마저 마찬가지 느낌이었다.

베르시아노스 델 레알 카미노 알베르게는 들어갈 때부터 밝은 분위기였다. 봉사자들이 접수할 때부터 순례자를 친절하고 유쾌하게 맞아주었다. 마음이 열리니 저녁식사 전 테이블 차리는 것을 자진해서 도왔다. 그리고 기도회에 참여해 서로의 이야기를 듣고 함께 기도했다. 저녁 메뉴는 다른 성당과 비슷했는데, 양적인 면에서 훨씬 풍요로웠다. 식사 중에는 셰프도 나와 즐거운 분위기를 만들어주었다. 순례자들이 모두 얼마나 크게 웃고 떠드는지, 시끄러워서 정신이 없을 정도였다. 식사 후, 셰프와 봉사자가 경쾌한 노래를 부르며 순례자들을 불러모았다. 기타도 아주 잘 치고, 목소리도 좋았다. 신청곡도 받았는데 '관타나메라'를 부를 땐 다 같이 떼창을 하기도 했다. 이후에도 이곳저곳에서 저녁식사 때 먹고 남은 음식과 와인을 놓고 삼삼오오 모여 앉아 이야기를 나누었다. 순례길 알베르게 중 단연 가장 좋은 분위기였다.

길을 걷고 난 후 잠시 쉬기 위해 머무는 알베르게는 참 중요하다. 매일 길을 떠나는 순례자들이 하루의 고단함을 말끔히 씻고 새날을 위해 재충전하는 곳이기 때문이다. 공립 알베르게나 사립 알베르게보다 성당이나 교회 알베르게가 특별한 이유는 봉사하는 사람들이 있기 때문이다. 또 그곳의 분위기를 잘 알고 같이 일하고 기도하는 사람들이 있기 때문이다. 순례자들이 '알베르게의 분위기가 좋다'고 말하는 것은 그 사람들이 함께 만들어내는 가족 같은 훈훈함에서 나온다.

가족의 훈훈함을 표현한 최고의 영화로 〈녹차의 맛〉(이시이 카츠히토 감독)을 꼽을 수 있다. 이 영화는 각기 다른 문제를 안고 있는 4차원 인물들로 구성된 가족 이야기다. 가장 큰 역할을 하는 사람은 할아버지인데 너무 엉뚱해서 정상인처럼 보이진 않지만, 가족 구성원 모두에게 깊은 관심을 가지고 필요한 것을 제공하는 만능 해결사다. 애니메이터로 재기하려는 며느리에게는 멋진 포즈 모델이 되어주고, 음반을 내고 싶어 하는 아들을 위해서는 그룹의 멤버가 되어 함께 노래하고 춤을 춰준다. 가장 큰 문제를 가진 인물은 가족 중 여섯 살 아이 사치코인데, 때때로 엄청나게 큰 또 다른 자신이 나타나기 때문에 늘 세상 고민을 다 짊어진 듯한 얼굴을 하고 있다. 어릴 때 귀신을 본 적이 있던 외삼촌이 철봉 넘기를 해낸 후 더는 귀신을 보지 않게 되었다는 얘기를 듣고 사치코는 철봉 넘기에 매진하지만, 손이 부르트도록 노력해도 되지 않는다. 할아버지는 돌아가시기 전 가족들에게 움직이는 그림이 담긴 스케치북을 남기는데, 사치코의 스케치북을 빨리 넘기면 그림 속 아이는 철봉을 거뜬히 넘고 '해냈다!'고 손을 흔든다. 이후 사치코는 실제 철봉 넘기에 성공하고, 큰 사치코의 환영은 우주 저 멀리 사라진다.

이 영화가 좋았던 것은 가족 저마다의 역할도 물론 있지만, 가족 구성원 하나하나를 향한 할아버지의 따뜻한 마음 때문이다. 가정의 분위기를 훈훈하게 만들어주고 저마다의 문제를 해결해나가는 데 있어 큰 힘이 되어준 사람. 교회나 성당 알베르게의 봉사자들에

〈녹차의 맛〉(The Taste of Tea, 2004), 이시이 카츠히토 감독

게 이런 모습을 보았고, 당연하게 그것을 기대했던 것 같다. 그런데 왜 그걸 당연하게 생각했을까. 돈 내고 서비스를 받는 알베르게와는 달리 가족 같은 따뜻한 분위기가 좋아서 그곳에 갔다면 받는 것을 당연시해서는 안 되는 거였다. 가족을 위해 희생하는 사람은 정해져 있고, 그 희생을 응당 내가 누려야 하는 것으로 여긴다면 나는 **가정의 좋은 구성원이** 아니다.

내가 거처하는 곳이 따뜻한 곳이 될지 힘든 곳이 될지는 나에게 달려있다. 순례자들을 가족처럼 보듬어주는 알베르게를 선택했다면, 그곳의 규칙을 지키는 것은 물론 순례자를 위해 일하는 봉사자들에게 감사한 마음을 가지고 함께 일하는 게 맞다. 친절하고 유쾌하게 환대해 주는 봉사자들뿐 아니라 나를 되돌아보게 만드는 봉사자들에게도 진심으로 감사의 마음을 전하고 싶다.

라바날 델 카미노(Rabanal del Camino)에서

성 베네딕도회 수도원 신부님들과 봉사자

〈우리에겐 교황이 있다〉, 필요한 새 마음, 겸손

라바날 델 카미노(Rabanal del Camino)에는 성 베네딕도회 수도원의 성당과 순례자의 집이 있다. 보통 알베르게는 하루만 머물 수있는데, 이 순례자의 집은 이틀 이상 머물며 기도회와 미사에 참석하고 자신을 돌아보며 쉴 수 있는 시간을 가질 수 있어 입소문이 나있다. 나도 산티아고 순례길에 오르기 전부터 관련 책에서 이곳을여러 번 접하고 머물고 싶은 곳이라 생각했다. 그러던 중 함께 걸었던 미경이를 통해 그곳에 한국인 신부님이 계신다는 것을 알게 되었고, 수시로 연락드린 끝에 그곳에 머물 수 있는 행운을 얻었다.정원은 4~5명밖에 되지 않고 한국인은 2명 이상 받지 않는다고 했

다. 예약할 수 없기 때문에 그날 자리가 나야만 들어갈 수 있다. 종교에 상관없이 누구나 묵을 수 있지만, 하루에 세 번의 기도회와 한 번의 미사를 모두 참석해야 하고, 식사시간 등 지켜야 할 규칙들이 많았다.

처음 참석했던 그레고리안 성가로 진행되는 저녁 기도회는 말할 수 없이 좋았다. 영어, 스페인어, 프랑스어로 된 해석 책자가 있었으나 그냥 눈감고 가만히 들었다. 신부님들의 성가가 얼마나 아름답고 마음의 평안을 주던지…. 저녁기도를 마친 후 한국어 미사가 있었다. 순례길에 한국인이 기하급수적으로 늘어나면서 한국 순례자들에게 봉사하기 위해 2016년 5월 한국인 신부님이 파견되었다. 이를 아는 많은 한국인 가톨릭 순례자들이 라바날에 머물고 있기 때문에 미사가 마련됐다. 오랜만에 한국어로 말씀을 들으니 다 이해할 수 있어 좋았다. 한국어로 진행되는 미사를 보니, 그동안 스페인어로 드렸던 미사의 형식도 다 파악할 수 있었다. 신부님이 말씀하셨다.

"이 카미노는 이후 우리가 각자의 삶으로 돌아가서 걷게 되는 길의 연습 과정일 뿐입니다. 순례자들이 이곳에서 예수님의 말씀을 전했던 야곱의 무덤이 있는 곳을 찾아가듯, 실제 삶의 길에서 예수님을 향해 걷기 바랍니다."

이 순례자의 집에서는 모든 식사를 신부님들과 함께한다. 한국인 신부님 외 독일인, 스페인인 신부님이 계시는데, 모두 정감 있고 친근했다. 저녁 식사 준비는 한 명뿐인 봉사자가 했고, 설거지는 한국인 신부님이 하셨다. 도와드리고 싶었지만, 식탁 안쪽에 앉아 있어서 내가 나가려면 모두 일어나야 하는 상황이었다. 안절부절 못하고 있었는데, 신부님이 전혀 위엄을 부리지 않고 팔을 걷어붙이고 혼자 설거지를 다 하셨다. 그 모습이 참 인상적이었다. 스페인 신부님은 정말 쾌활했다. 진솔한 이야기를 많이 하셨다. 신부님께 기대했던 거룩한 모습은 아니지만 사람 냄새가 많이 나서 훨씬 정감이 갔다. 그날 밤은 카미노를 시작한 이래로 제일 푹 잤던 것 같다. 마음이 고요해졌기 때문일 것이다.

주중에는 9시 반에 평일 미사가 있는데, 머물렀던 날은 일요일이라 12시 반에 미사가 있었다. 청소를 위해 한 시간 정도 순례자의 집을 비워야 한다고 해서 동네를 돌아보았다. 청소도 신부님들이 직접 하신다고 했다. 나는 미국에서 오신 한국인 한 분과 함께 동네를 걸었다. 동네는 작았지만, 돌담이 제주도의 그것마냥 정겨웠다. 그런데 문득 봉사자가 빨래 너는 것을 도와달라고 했던 게 생각나서 어르신께 천천히 오시라고 하고 숙소로 돌아갔다. 다행히 늦지 않게 도착해서 빨래 너는 일을 도울 수 있었다. 이곳의 모든 일이 그녀와 신부님 세 분이 직접 하는 거라서 그냥 누리면서 편히 쉬기에는 마음이 불편했다.

12시 반 미사에 참석 후 점심을 먹었다. 수도원의 점심은 침묵과 함께 하는 식사다. 식전 기도만 독일 신부님이 소리 내서 해주시고,

107

이후엔 음악만 흐를 뿐이다. 아무도 말을 해서는 안 된다. 스페인 신부님이 점심 요리를 하고 서빙도 직접 하셨다. 음식은 정갈하고 분위기가 성스러웠다. 크리스티나는 식사 내내 울었다. 후에 그녀가 말했다. 산티아고 순례길의 모든 것이 감사해서 울었다고.

전날과 같이 저녁 기도회에 참석하고, 식사를 할 때 식탁의 바깥쪽에 앉았다. 한국인 신부님이 내가 아침에 설거지를 했기 때문에 저녁 설거지도 하는 건 안 된다며 잠깐 말리다가 같이 설거지를 해주셨다. 다른 사람이 나서주길 원했는데, 그런 이들은 없었다. 이럴 때 난 다른 사람들처럼 그냥 누리면서 앉아있지 못한다. 기쁜 마음으로 일하지도 못하면서, 그 일을 차마 던져 놓지도 못한다. 누군가 너는 할 만큼 했으니 이젠 내가 하겠다고 말해주면 좋을 텐데, 문제는 그런 사람이 아무도 없다는 것이었다.

성경의 한 구절이 생각났다.

저희가 길 갈 때에 예수께서 한 촌에 들어가시매 마르다라 이름하는 한 여자가 자기 집으로 영접하더라. 그에게 마리아라 하는 동생이 있어 주의 발 아래 앉아 그의 말씀을 듣더니 마르다는 준비하는 일이 많아 마음이 분주한지라. 예수께 나아가 가로되 주여 내 동생이 나 혼자 일하게 두는 것을 생각지 아니하시나이까. 저를 명하사 나를 도와주라 하소서. 주께서 대답하여 가라사대 마르다야 마르다야 네가 많은 일로 염려하고 근심하나 그러나 몇 가지만 하든지 혹 한 가지만이라도족하니라. 마리아는 이 좋은 편을 택하였으니 빼앗기지 아니하리라.

(누가복음 10:38-42)

나는 이 구절이 늘 맘에 들지 않는다. 마르다에게서 내 모습을 보고 있기 때문이다. 그러면서 마리아 같은 사람들을 싫어했다. 하지만 예수님은 마르다 편을 들어주지 않았다. 일하면서 불만이 있는 자보다 누리는 자가 예수님께서는 더 기쁜 것이다.

〈우리에겐 교황이 있다〉(난니 모레티 감독)에는 교황 직처럼 엄청나게 중요한 일도 중압감으로 몹시 괴롭다면, 과연 그것을 해야만 하는지 고민하는 인물이 등장한다. 이 영화는 종교 영화도 아니고 종교를 희화화하는 영화도 아니다. 교황을 신격화하지 않고 인간적인 모습을 보여준다. 새 교황으로 선출된 멜빌은 무거운 책임감을 이기지 못하고 바티칸 교황청에서 도망쳐 군중 속으로 숨어버린다. 시내를 걷기도 하고 버스를 타기도 하고 쇼핑몰에도 가고 새 교황의 인사를 기다리는 인파 속에 들어가 보기도 한다. 또 젊은 시절 소망했던 연극배우의 꿈을 떠올리며, 극장에서 배우들과 함께 그 시절 외웠던 대사를 읊조리기도 한다. 길을 걷다가 우연히 들어간 성당에서는 평범한 신도처럼 신부님의 말씀을 듣고 깨달음을 얻는데 그 말씀은 이렇다.

"우리는 마음속에 욕망, 꿈, 계획뿐 아니라 걱정, 고민, 공포까지 담고 있습니다. 이 모든 것 중에서도 가장 두려운 것은 이 새로운 시대, 유례 없는 상황, 이 기다림, 끝을 알 수 없는 시간. 그러니 새 마음이 필요합니다. 주께서 뜻하시는 새로운 대답은 겸손입니다. 우리가 주님께 구할 줄 아는 지혜, 주님의 관용, 그 인내가 필요합니다. 주께 상처를 보여 드려야 합니다. 주님만이 치유하실 수 있으니까요."

멜빌은 결국 자신의 취임사를 기다리는 전 세계 사람들 앞에서 자신에게 부여된 임무를 수행할 수 없다고, 자신은 지도력이 없으며 누군가 이끌어줘야 하는 사람 중 하나일 뿐임을 고백한다. 교회는 위대한 변화를 책임질 지도자를 필요로 하며 어떤 순간에도 사랑과 소통으로 이끌 지도자가 필요하지만, 그 지도자가 자신은 아니라고. 그는 기도가 필요한 사람이라고 겸손하게 인정한다.

나도 겸손하게 나 자신을 인정해야 한다. 나는 기쁜 마음으로 일할 수 있는 자가 아니다. 그렇다고 일하지 않고 누리기만 해서 기쁜 자도 아니다. 기쁘게 일하고 감사히 누리려면 기도가 필요하다. 주님께 구할 줄 아는 지혜, 주님의 관용, 인내가 필요하다. 기도가 필요한 자이나 겸손하지 않고 기도하지 않는 내게 기도할 공간을 주시고, 사람 냄새를 풍기며 스스로 낮은 곳에서 사람들을 섬기는 신부님들과 봉사자를 만나게 하셨다. 그분들의 그레고리안 성가를 들으며 기도했고, 마음에 평안을 얻었고, 나를 돌아볼 수 있었다. 참으로 귀한 경험이었다.

〈우리에겐 교황이 있다〉(Habemus Papam, 2011), 난니 모레티 감독

라바날 델 카미노(Rabanal del Camino) - 엘 아세보(El Acebo)에서

영국 청소년들

〈말로니의 두 번째 이야기〉, 걷기의 힘

교도소에 가는 대신 이 길을 걷는, 영국에서 온 청소년들을 만났다. 건강하고 멋진 지도자, 인조다리를 가진 청년, 십 대 중후반으로 보이는 아이들 네 명이 한 팀으로 걷고 있었다. 이들도 자주 마주쳤는데, 미국에서 수학여행 온 대학생들을 비롯한 청년 무리가 많았기 때문에 처음에는 그런 사연으로 온 줄 몰랐다. 이 제도는 책에서 읽은 적이 있고 다큐멘터리에서도 보았다.

「나는 걷는다」(효형출판)의 저자 베르나르 올리비에는 기자로 은퇴한 첫해, 산티아고 순례길을 걸으면서 우울했던 상황에서 벗어나 점점 활력을 되찾는다. 한창 걷는 즐거움을 만끽하고 있는데

113

산티아고 데 콤포스텔라에 도착했고, 더 걸을 수 없다는 사실이 무척 아쉬웠다. 그는 더 걸을 만한 길이 없는지 세계지도를 놓고 고민하다가 실크로드를 발견한다. 역사적 관심과 걷는 즐거움을 동시에 해결할 수 있는 길이었다. 터키 이스탄불에서 중국 시안까지 1만 2,000km를 걸었다. 산티아고 순례길 중 프랑스 길이 800km인 것에 비하면 실로 어마어마한 거리이다. 그는 그 길을 통해 역사적 관심을 충족하고 걷기의 즐거움을 충분히 누렸으며 새로운 사람들을 만나는 신비로움을 겪었다. 그리고 이듬해 '쇠이유' 협회를 창설했다. 이것은 소년원에 수감 중인 15-18세 청소년들을 대상으로 자국어가 통하지 않는 다른 나라에서 3개월 동안 2,000km 이상을 걸으면 석방을 허가하는 교정 프로그램이다. 교도소에서 형을 산 청소년들의 재범률이 85%인데 반해, 쇠이유 걷기 프로그램에 참여한 아이들의 재범률은 15%라고 한다. 프로그램을 마치면 청소년들은 자신감과 성취감을 느낀다. 그 때문에 다시 범죄에 가담하는 대신 자신의 삶을 온전히 살 수 있는 것이다. 여기에 온 영국 아이들을 보아도 그렇다. 이 아이들은 다리에 장애가 있는 청년을 도우면서 걷고 있었다. 이들이 함께 걸을 때 사람들은 칭찬을 아끼지 않았고, 힘을 북돋워주었다. 나도 그 아이들이 보기 좋아 만날 때마다 반갑게 인사했다. 그들의 사연을 알고 나니 더욱 애틋했다. 그들은 이렇게 길을 걸으면서 사랑도 받고, 자존감을 되찾고, 용기도 얻는다.

청소년들에게 자존감이 얼마나 중요한지는 영화〈말로니의 두 번째 이야기〉(엠마누엘 베르코 감독)를 보면 실감할 수 있다. 이 영화는 범법을 일삼는 지독한 악동 이야기지만 그를 둘러싼 좋은 어른들로 인해 마음이 따뜻해지는 영화이다. 말로니는 어릴 적부터 보호시설에서 살았다. 아빠는 돌아가셨고, 엄마는 마약과 남자친구에 빠져 아이를 돌보지 않았기 때문이다. 청소년이 된 말로니는 시설에서 나와 엄마와 같이 살지만 제대로 된 교육도, 사랑도 받지 못해 폭력과 절도로 법원을 수도 없이 들락거린다. 말로니의 사건을 어린 시절부터 맡은 판사는 악행을 저지르고 오는 말로니를 매번 교도소로 보내지 않고 갱생원으로 보낸다. 갱생원 교사들은 그곳에 오는 아이들에게 자존감을 되찾도록 다양한 프로그램을 마련하고 인내심을 갖고 끝도 없이 반복해 그들을 지도한다. 오랜 시간이 걸리지만 갱생원에서 말로니는 사랑받고 인정도 받으면서, 자존감도 생기고 자신을 사랑하는 방법도 알게 된다.

영화 속 갱생원의 교육 프로그램 중에 '쇠이유'가 있었다면 말로니가 자아를 찾는 데 걸리는 시간이 훨씬 줄어들었을 것이다. **걷기의 힘은 대단하다. 말로니가 받는 갱생원에서의 교육은 몇 년에 걸쳐 행해지지만, 걷기를 통한 치유는 몇 개월이어도 효과를 볼 수 있다.** 이곳에서 나도 걷기의 힘을 믿게 되었다. 우선, 걷는 동안 머리가 비워진다. 베르나르 올리비에의 말처럼 텅 빈 마음으로 아무 말 없이 걷다 보면 어느덧 새로운 세상이 가슴속에 담기고 있음을 깨

〈말로니의 두 번째 이야기〉(Standing Tall, 2015), 엠마누엘 베르코 감독

닫는다. 그리고 신체적으로도 건강해진다. 몸이 건강해지니 마음도 강해진다. 제주 올레길을 만든 서명숙 씨도 걷기는 단순한 운동이 아닌 몸과 마음의 힐링이라고 했다. 그녀도 산티아고 순례길을 걸으면서 순간순간 충족감을 느꼈고 많은 사람을 만났다. 그 중 한국에 방문한 적 있는 영국인을 통해 한국은 한 가지 목표만 향해 달려가고 죽을 때까지 경쟁하는 숨 막히는 사회이기 때문에 육체와 정신의 안식을 취할 수 있는 길이 꼭 필요하다는 말을 들었다. 이것이 그녀가 제주 올레길을 만드는 데 결정적 계기가 된다. 그녀의 체험과 믿음, 열정이 제주에 길을 내는 실천으로 이어진 것이 무한히 존경스럽다. 아름다운 자연을 보면서 무념무상으로 걷는 길, 그곳을 걷다보면 저절로 마음이 비워지는 명상을 하게 된다. 이해인 수녀님도 걷거나 산책하는 것을 좋아한다고 「내가 걷는 이유」(북뱅, 박정원 저)에서 밝혔다. 걷는 동안 자신을 깊이 들여다볼 수 있고, 삶에 대한 감사와 인간에 대한 애정의 폭을 넓힐 수 있는 계기가 된다고. 또 복잡했던 머릿속이 단순해지고 마음이 맑고 평화로워지는 경험도 할 수 있다고 말씀하셨다.

우리나라에서도 범죄 청소년들을 대상으로 '쉬이유'와 비슷한 프로그램을 시도하고 있다는 기사를 보았다. 또 일반 학교에서 교칙 위반 시 교사가 동행해 국토 순례로 체벌을 대신 하는 것을 다큐멘터리로 보았다. 숨 가쁜 경쟁에 내몰려, 자연과 교감하고 자신을 돌아볼 기회가 전혀 없는 아이들에게 걷기 여행은 꼭 필요하다고 생각한다. 체험학습으로든 벌을 대신하는 방법으로든, 세상의 모든 청소년이 걷기를 통해 치유 받고 많은 것을 배우고 건강하게 성장하면 좋겠다. 걷기를 즐기는 사람들이 많아질수록 세상은 점점 나아지리라.

아소프라(Azofra) ~ 폰페라다(Ponferrada)에서

하비에르(Javier)

〈파리로 가는 길〉, 산티아고로 가는 길

하비에르는 스페인의 로그로뇨(Logroño)에서 온 순례자다. 이 순례길을 통틀어 가장 자주 마주친 사람. 그는 증권 중개인으로 자신의 집이 프랑스 길 위에 있기 때문에 자주 이 길을 걷는다고 했다. 그만큼 아는 것이 많아서 마주칠 때마다 자부심 넘치는 충고를 하곤 했다. 처음엔 그것이 마초 같아서 싫었는데, 만나는 횟수가 거듭될수록 적응이 됐다. 스페인을 좋아하는 나로서는 그 문화를 배울 수 있다는 점이 흥미로웠다.

아소프라에서 다음 마을인 시루에냐(Cirueña)까지 9km가 넘는 길을 걸어서 겨우 마을에 도착했는데 바나 카페가 보이지 않았다.

  마을 안쪽으로 들어가야만 카페가 있는 모양이었다. 걷는 길에서 더 들어간다는 건 몹시 힘든 일이다. 그런데도 며칠째 온몸이 얼어붙을 만큼 추웠던 터라 따뜻한 커피가 몹시 마시고 싶었다. 때마침 그를 만났고 카페가 있는 곳을 안다고 했다. 그를 따라간 카페에서 따뜻한 카페 콘 레체(Café con leche, 우유를 탄 커피)와 크루아상을 먹었다. 힘들고 추웠기 때문에 더없이 맛있었다. 그가 신문에 난 날씨와 행사 소식을 보여주며 말했다.

  "그라뇽에 오늘 비가 올 거야. 내일은 축제가 있지. 그러니까 그라뇽은 내일 가는 게 좋아. 오늘은 나랑 산토도밍고까지만 가자. 거기에 내 친구가 있어. 우리 같이 바마다 들러서 맥주나 와인을 마시자. 매주 금요일은 모든 바가 음료를 저렴한 가격에 제공하고, 음료 한 잔당 핀초도 공짜로 제공하는 날이야. 맛있는 핀초가 얼마나 많은데. 산토도밍고는 볼 것도 많은 큰 도시야. 머물면서 보는 게 좋아."

이때는 혹 나에게 흑심이 있나 하는 생각이 들어 그를 피하느라 먼저 자리에서 일어나 길을 떠났었다. 하지만 그를 자주 만나게 되면서, 내게 큰 관심도 없고 단지 스페인과 이 길에 대한 자부심이 강한 남자일 뿐이라는 것을 알게 되었다.

비가 억수로 퍼부었던 날, 비를 피하러 들어간 바에서 그를 다시 만났을 때 역시 그는 무언가 계속 알려주고 싶어 했다. 와인 따르는 법, 마시는 법 등. 그에게 들은 정보 중 리오하 와인의 2010년과 2011년산이 별 5개짜리 와인이라는 것은 이후 한국에 와서도 와인을 고를 때 정말 유용했다. 그날 부르고스로 버스를 타고 이동하려는 것을 그가 얼마나 말렸는지 모른다. 힘들어도 12.6km 정도 산을 오르면 정말 아름다운 교회가 있다고, 그것을 꼭 봐야 한다고 강조했다. 비가 너무 많이 와서 그때는 그의 말을 듣지 않았지만 혹 다음에 이 길을 다시 걷게 된다면 그가 말한 교회를 꼭 방문하리라.

이후 아나와 함께 길을 걸었던 일주일 넘는 기간에도 들르는 마을마다 바에서 그를 만났다. 산타마리아 성당 기타 연주회에서는 옆자리에 앉아 같이 멋진 음악을 들었고, 이어서 바로 수녀님들이 노래를 불러주는 미사가 있다는 것을 알려준 것도 바로 그였다.

폰페라다 광장에서는 내게 알베르게를 소개해주기도 했다. 그는 일찍 도착해서 템플기사단 성을 돌아보고, 광장의 카페에서 그 알베르게가 문 열기를 기다리는 중이었다. 그가 소개해준 알베르게에 여성 전용실이 있어 맘에 들었다. 그리고 이 지방에서는 보티요델 비에르소(Botillo del Bierzo)라는 음식을 꼭 먹어야 한다고 해서 레스토랑에도 함께 갔다. 순례자 메뉴보다 훨씬 비쌌지만, 스페인 정통 음식을 맛보고 싶었기 때문에 좋은 기회였다. 전채요리부터 달랐다. 얇은 소고기포, 돼지 넓적다리로 만든 하몽이 블루치즈, 붉은 피망 절임과 같이 제공되었는데 맛이 아주 잘 어울렸다. 본 요리인 보티요는 돼지의 갈빗살과 꼬리 부분을 잘게 잘라 양념해서 창자에 채워 넣고 쪄낸 음식이었다. 약간 매콤해서인지 냄새가 나지 않고 맛있었다. 같이 쪄낸 배춧잎과 감자에도 같은 양념이 배어 있었다. 후식은 바삭한 아몬드 전병 위에 아이스크림을 올리고 뜨거운 초콜릿을 부어 만든 것이었다. 많이 달지 않으면서, 과자는 바삭하고 아몬드와 바닐라 아이스크림, 초콜릿의 조화가 환상적이었다. 비에르소 와인도 좋았다. 모든 음식이 비에르소 지방에서 자부심을 가지고 내놓는 최고의 음식이라 할 만했다. 그날 연락처를 주고받았기 때문에 이후에는 그에게 종종 메시지가 왔다. 그는 문자로 멜리데(Melide)의 문어요릿집 등 현지인 맛집 정보를 제공해주었다.

〈파리로 가는 길〉(엘레노어 코폴라 감독)에서 미국인인 앤에게 프랑스의 와인과 음식, 문화를 끊임없이 알려주려 했던 프랑스인 자크는 하비에르와 참 비슷하다. 영화 일을 하는 남편과 출장 차 칸에

왔다가 귀가 아픈 연유로 더 함께하지 못하고 돌아가게 된 앤은 남편의 사업 파트너인 자크와 파리까지 동행한다. 그 길에서 자크는 앤의 의중과는 상관없이 불쑥불쑥 레스토랑에 들러 프랑스 음식들과 와인을 맛보게 하는데, 처음에 앤은 이를 무척 불편하게 생각한다. 그런데도 그는 아랑곳하지 않고 박물관, 유적지, 시장에 앤을 데리고 다니며 아름다운 프랑스의 모습을 보여준다. 불편해했던 앤도 차차 그의 여행에 동화되고 즐거워한다. 자크의 친구 중 한 명은 앤에게 파리로 너무 서둘러가지 말라고 충고한다. 잊지 못할 여행이 될 거라고.

산티아고 순례길에서 하비에르도 내게 충고했었다. 목적지를 정해놓고 바삐 걷지 말고 이 길을 즐기면서 걸으라고. 그는 그렇게 길을 만끽하며 천천히 걸었다. 그래서 걸음이 느리고 많이 걷지 못하는 나와 그렇게 자주 마주친 거였다. 덕분에 나도 그 길이 더 풍요로웠다.

폰페라다에서의 만찬 이후 산티아고에 도착하기까지 그와 다시 마주치지 못했다. 그렇다고 해서 그가 오라는 맛집에 일부러 찾아가고 싶지는 않았다. 〈파리로 가는 길〉의 앤에게 자크도 레스토랑에서 다시 만나자는 메시지를 보내지만.... 오픈엔딩인 이 영화에서 난 앤이 왠지 자크에게 가지 않았을 거라는 확신이 든다. 그 여행이 앤을 더 풍요롭게 만들었지만, 자크는 이를 이끌어준 이에 지나지 않기 때문이다. 앤이 표현했듯 그는 '여행안내자'였다. 늘 남편을

〈파리로 가는 길〉(Paris Can Wait, 2016), 엘레노어 코폴라 감독

파리로가는길

따라다니며 적당히 살았던 앤에게 그 여행은 자신의 가치를 발견하게 된 여행이었다. 그것만으로도 그의 역할은 충분했다.

피에로스(Pieros) - 포르토마린(Portomarin)에서

론(Ron)

〈세상에서 고양이가 사라진다면〉, 작고 소중한 것들

캄포나라야(Camponaraya)는 스페인의 유명 와인 중 하나인 비에르소 와인 산지여서 포도밭이 많았다. 길 중간에 와이너리들이 있었고, 곳곳에 좋은 와인 천지였다. 이 길에서 와인 테이스팅을 안 하고 지나갈 수 없었다. 점심엔 문어요리에 와인을 곁들였다. 다시 힘을 내서 걸으려는데, 와인을 몇 잔 마신 탓인지 몸이 매우 무거웠다. 배낭도 골반을 짓누르는 느낌이었다.

더는 못 걷겠다고 생각했을 때 작은 마을 피에로스가 나타났고, 알베르게 표시가 있었다. 수용 인원이 총 18명인 작은 곳이라 자리가 있을 거라 기대하지 않는데 다행히 자리가 있었다. 아니 자

리가 남아돌았다. 손님이 단 한 명 있었는데 그가 캘리포니아에서 온 론(Ron)이었다. 론이 근처 바에 가서 맥주 한잔 하자고 해서 함께 나갔다. 론은 소방관인데 몸이 좋지 않아 잠시 휴식을 취하는 중이라고 했다. 그는 유머 감각이 넘쳤다. 이야기를 들으며 많이 웃었다. 서로 다른 문화권에서 살았는데 이렇게 대화가 잘 통하고 재미있다는 게 신기했다. 바의 벽에 쓰여 있는 문구 'El camino siempre sorprende(순례길은 항상 놀랍다)'에 공감이 갔다.

알베르게로 돌아와 명상실에서 혼자만의 시간을 가졌다. 명상실은 동양적 분위기가 물씬했다. 어떻게 오게 된 것인지 우리나라 하회탈도 있었다. 방석과 담요도 많아 무척 따뜻하게 느껴졌다. 열린 창으로 나뭇잎에 이는 바람 소리가 듣기 좋았다. 우연히 오게 된 곳인데 공간도, 사람들도 괜찮으니 의외의 기쁨이 더 컸다. 알베르게에서 제공하는 저녁을 먹으러 갔을 때도 여전히 손님은 둘뿐이었다. 일하고 있는 봉사자들은 네 명. 그 중 한 명만 진짜 직원이고, 세 명은 우리와 같은 순례자인데 이곳에서 봉사를 하며 쉬는 중이라고 했다. 아르헨티나에서 온 소피아는 내일 우리와 함께 다시 길을 떠날 거라고 했다.

알베르게가 채식주의자를 위한 곳이라 저녁 메뉴도 채식 상차림이었다. 전채 요리로 내놓은 샐러드는 빨간 파프리카를 마늘과 함께 올리브유에 볶은 것이었는데 부드럽고 풍미가 좋았다. 본식은 쿠스쿠스 위에 가지, 호박, 당근, 양배추 찐 것을 올린 음식이었는데

129

소화하기 좋은 건강식이었다. 후식으로 사우코(saúco) 꽃 튀김이 나왔다. 요리사인 벨기에에서 온 순례자가 처음 시도해본 음식이라면서, 우리에게 먼저 먹어보라고 했다. 우리가 먹고 이상이 없으면 자기도 먹겠다고 해서 다들 깔깔 웃었다. 꽃 튀김은 의외로 아주 고소하고 맛있었다. 특별한 음식으로 인해 론과 나는 함께 걷는 동안, 길에 피어있는 사우코 꽃을 볼 때마다 배고프면 저걸 튀겨먹자며 함께 웃었다. 저녁 내내 네 명의 봉사자들에게 과분한 대접을 받으며 즐거운 시간을 보냈다.

순례자가 둘뿐이라 9개의 2층 침대가 있는 18인실에서 둘만 자게 되었다. 이런 경우는 처음이었다. 나중에 론이 '둘이 잤다'라는 말은 함부로 쓰면 안 된다고 알려줬다. 오해를 불러일으킬 수 있으니 '룸메이트'라는 단어를 써야 한단다. 론이 코를 골 것 같아 걱정했는데, 그렇지 않았다. 알고 보니 코를 골까봐 피해를 주지 않으려고 양압기를 쓰고 잔 것이었다. 알베르게마다 코 고는 사람이 무수히 많다. 하지만 코 고는 사람 중 론처럼 다른 이를 배려하는 사람은 거의 없다. 그 소리가 괴로운 사람들이 귀마개를 한다.

다음날, 다시 걷기로 한 소피아도 함께 출발했다. 차도 옆길을 걸었는데, 산을 보면서 걷는 길이라 나쁘지 않았다. 또 론이 많이 웃게 해주어 비교적 긴 거리를 걸었음에도 그렇게 힘들지 않았다. 목적지인 루이텔란(Ruitelan)의 공립 알베르게에서 스웨덴 출신 주아나를 다시 만났다. 그녀는 폰페라다의 알베르게에서 같은 방을 썼던 친구인데, 온화한 미소가 참 예쁘고 조용한 사람이라 좋았다. 론과 걷는 동안 그녀에 대해 이야기했는데, 마침 이렇게 다시 만나서 너무 반가웠다. 흥분을 감추지 못하고 론에게 "I told you! (내가 얘기했잖아!)"라고 강한 어조로 말해 주위 사람들이 그를 나무라는 줄 알고 쳐다보았다. 론이 불쌍한 표정으로 "잘못했어요. 다음부턴 말 잘 들을게요" 하고 재치 있게 되받아주어 쳐다보던 사람들이 다들 웃었다. 이후로 "I told you!"는 우리의 유행어가 되었다.

저녁 전 요기를 하러 바에 갔다. 내가 사겠다고 했는데, 깜빡하고 지갑을 안 가져갔다. 당황하니까 "너 굉장히 영리하다"고 농담하며 마음을 편하게 해주었다. 저녁은 알베르게에서 제공하는 것을 먹기로 했다. 론과 나는 다른 방에 묵게 되어 각자 쉬다가 내가 먼저

식당에 도착했는데, 어떤 순례자가 남편은 어떻게 하고 혼자 오느
냐고 물었다. 뒤따라 온 론에게 이야기했더니 "네가 항상 '내가 말
했잖아!'라고 무섭게 이야기하고, 돈 내야 할 때 '지갑 안 가져왔는
데?' 하는 걸 사람들이 봤으니 당연히 내 마누라인 줄 착각할 수밖
에"라고 해서 또 한참 웃었다.

다음날에도 여전히 론은 재미있는 길동무가 되어주었다. 그런
데 웃고 떠들며 길을 걷기보다 조용히 혼자 길을 걷는 것이 간절해
졌다. 그에게 직설적으로 말은 못 하고, 오 세브레이로에 도착해 주
아나를 만나고 가겠다고 먼저 가라고 했더니 '행복한대로' 하란다.
그를 보내고, 아름다운 풍경이 한눈에 보이는 곳에서 한참 동안 음
악을 들었다. 다시 출발해서 천천히 걷다 보니 폰프리아(Fonfria)에
늦게 도착했다. 그곳 알베르게는 80석의 큰 규모임에도 만석이었
지만, 론이 내 것까지 예약해놓아 들어갈 수 있었다.

혼자 앉아있는 론을 발견하고, 비에르소 와인을 한잔 시켜 함께
이야기를 하다가 울어버렸다. 내가 사람을 경계하는 게 느껴진다
며, 농담만 하던 론이 맘 속 이야기를 꺼냈기 때문이다. 나는 첫사
랑을 좋지 않게 끝냈다. 영화에서 나오는 아름다운 첫사랑 이야기
는 내 이야기와 거리가 멀었다. 그것이 두 번째 사랑에도 영향을 미
쳤고, 그 사랑도 처참하게 끝이 났으며, 이후의 사랑도 그랬다. 아름
다운 추억을 남기며 끝난 사랑 따윈 없었다. 그러다 보니 우선 남자
사람은 여자 사람보다 더 경계했다. 론처럼 내게 이성으로서의 관

심이 아닌, 그냥 친구로서 다가온 사람에게도 그랬다. 그동안 받은 사랑의 상처를 론에게 드러내놓고 이야기하다 왈칵 눈물이 쏟아졌다. 그동안 그와 농담만 하고 진지한 얘기를 해본 적이 없는데 내가 이렇게 속에 눌러놓은 이야기를 할 수 있는 걸 보면, 그는 그만의 방식으로 따뜻함을 보여주었던 것 같다.

그는 달래주지 않았고, 충고나 위로의 말도 하지 않았다. 그냥 들어주었다. 그러다가 역시 그답게, 울었던 게 무안하지 않도록 장난치며 내 기분을 충분히 풀어주었다. 이런 론과도 다음날이면 또 헤어진다. 나는 우회하는 길을 택해 사모스(Samos) 수도원을 거쳐 사리아(Sarria)로 들어갈 것이고, 그는 사리아로 바로 가기 때문이다. 이젠 이런 헤어짐에 익숙하다.

다음날 이른 시간 일어나 준비하는 사람들로 인해 일찍 깰 수밖에 없었다. 그렇게 일찍 시작한 길에선 새벽 하늘빛이 너무 아름다웠다. 멀리 보이는 높은 산들이 봉우리만 보이고 허리 아래로는 온통 흰구름이라 사뭇 눈 속에 파묻혀 있는 듯했다. 가까이는 넓은 풀밭이 짙은 초록빛이어서 민들레 꽃씨가 풀밭 가득 별처럼 반짝거렸다. 10km 정도 아름다운 풍경을 보며 함께 걷다 보니 헤어지기로 한 트리아카스텔라(Triacastela)에 도착했다. 론이 나와 걷는 동안 매우 즐거웠다며 고맙다고 했다. 나도 그에게 고마웠다. 마음이 참 편했고, 많이 웃었다.

나보다 앞서 걷고 있기 때문에 만나기 쉽지 않겠다고 생각했던 그를 포르토마린(Portomarin)에서 다시 만났다. 그가 다시 같이 걷고 싶다고 하루를 더 머물며 나를 기다렸기 때문이다. 마을이 강 위쪽이라 강을 전체적으로 조망할 수 있어 참 아름다운 곳이었다. 걷는 중에 제인 아주머니를 만났다. 반갑게 인사를 했는데, 아주머니가 나를 보고 "괜찮니?"하고 물어보셨다. 이틀 전 알베르게에서 그와 함께 있다가 우는 것을 보고 토닥거려 주셨는데 그와 또 함께 있으니 걱정이 된 것이다. 저녁 먹으러 간 곳에서는 야외 테라스에 앉아서 지나가는 사람들과 인사를 하게 되었는데, 덴마크에서 온 킴(Kim)이 또 "괜찮아?"하고 물어보았다. "왜 사람들이 네가 나랑 있는데 자꾸 괜찮냐고 물어보는 거야? 내가 너에게 위험해보이는 거야?"라며 그가 장난기 있게 투덜댔다. 좋아하는 문어요리와 화이트 와인을 시켰는데, 문어 위에 굵은 소금이 덩어리째 얹혀 있었기 때문에 나는 수박씨 뱉듯 그것을 뱉어내며 먹었다. 그 모습에 그는 배꼽을 잡고 웃었다. 나도 그 때문에 많이 웃지만, 그도 나 때문에 많이 웃었다. 별것 아닌 것들로. 우리가 서로를 웃게 해서 참 좋았다. 그가 편하고 오래된 벗처럼 느껴져서 좋았다. 하지만 그와 계속 같이 걸을 수는 없었다. **이곳에서 홀로 걸으면서 나를 더 돌아보고 싶었기 때문에 사람들과 오래 함께하지 않았다. 이해인 수녀님도 혼자 걷는 게 좋다고 강조하셨다. 홀로 걸을 때 신체 균형을 되찾고 사고도 건전해지는 계기가 된다고.** 이점을 그에게 설명했는데, 그는 내 생각을 잘 이해하지 못하겠다고 했다. 좋으면 함께 걸으면 되지, 굳이 혼자 걸으려는 이유가 뭐냐고.

결국 합의하지 못하고 일방적으로 다시 헤어졌다. 이후 혼자 걷는 며칠 동안 그간 만났던 사람들에 대해 돌아보았을 때, 론에게 제일 미안했다. 받은 것만 많고 준 것은 하나도 없다는 생각이 들었다. 그에게 미안하다고 편지를 썼는데, 바로 답장이 왔다. 그의 짧은 메일이 한 편의 시 같았다. 그것을 보니 더 미안해졌다.

나는 카미노에 온 것을 후회하지 않아. 정말 특별했어.

특히 너와 함께한 3일은 정말 멋졌어.

내 피에로스의 룸메이트.

우리 둘은 네 명의 봉사자들에게 특별 대접을 받았고

사우코 꽃 튀김을 시식했었지.

아침 일찍 걷고, 이야기하고, 쉬면서 맥주를 마시고, 와인도 마시고

많은 사람과 함께 즐겁게 저녁을 먹고

"I told you!"라고 자주 장난치고…

사람들이 우리를 결혼한 부부라고 오해했지. (그렇게 보였으니까)

너와 함께 보낸 마지막 날은 정말 특별했어.

너를 아는 사람들이 너에게 괜찮냐고 물어보았고

문어의 소금을 뱉어내면서 웃고

마지막 와인을 즐겼어.

넌 내게 많은 것을 주었어.

그러니 내게 미안해하지 마.

〈세상에서 고양이가 사라진다면〉(나가이 아키라 감독)에서 영화를 좋아하는 친구끼리 영화 대사를 주고받는 장면이 자주 나온다. 그 중에 '좋은 이야기와 말할 상대가 있다면 그것만으로도 인생은 살 만하다'는 〈피아니스트의 전설〉(쥬세페 토르나토레 감독)의 대사가 있다. 정말 그렇다. 좋은 사람과 친구가 되어 이야기를 나누는 것은 작지만 큰 행복이다. 오래 사귄 친구는 말할 것도 없고, 여행에서 만나 짧은 시간을 공유한 친구가 인생에 훅 들어오기도 한다. 〈세상에서 고양이가 사라진다면〉의 주인공들이 부에노스아이레스를 여행하다 만난 톰도 그들에게 소중했고 큰 영향을 미쳤다. 〈세상에서 고양이가 사라진다면〉은 작아 보이지만 없어진다면 인생이 송두리째 바뀌는 소중한 것들을 보여주는 영화다. 특별할 것 없이 일상에 녹아있어 그 소중함을 몰랐지만, 그것이 없어진 후 확연히 바뀐 인생을 보여줌으로써 그것이 얼마나 소중했던 것인지를 알려준다. 그 영화에서처럼 내게도 영화가 그랬고, 여행이 그랬고, 고양이가 그러했다. 그리고 이 모든 것에는 친구들이 함께 있었다. 친구가 없었다면 영화도, 여행도, 고양이도 의미가 그렇게 크지 않았을 것이다. 친구 사귀기가 어려운 것은 어쩌면 사교성에 문제가 있어서만은 아니지 않을까. 짧은 인연일지라도 사람들과의 관계가 이렇듯 소중하기 때문에 어려워하는 게 당연할지도....

론과 함께 걸었던 3일 동안 잔잔한 추억이 많았다. 작지만 소중했던 경험들. 이런 친구로 인해 산티아고 순례길은 충분히 걸을 만하고, 인생도 참 살 만하다.

〈세상에서 고양이가 사라진다면〉(If Cats Disappeared from the World, 2016), 나가이 아키라 감독

오 세브레이로(O Cebreiro)에서

채프먼(Chapman) 부부

〈사랑 후에 남겨진 것들〉, 인생을 함께 한다는 것

채프먼 부부는 영국에서 온 순례자다. 오 세브레이로(O Cebreiro)의 성당 안에서 친구에게 소개받고 만났는데, 이야기를 많이 들었다며 나를 잘 알고 있는 사람처럼 친근하게 안아주셨다. 두 분 다 얼굴 가득 주름을 지으며 웃는 첫인상이 참 좋았다.

성당 밖으로 나왔을 때, 그들이 나를 위해 노래를 불러주겠다고 했다. 그러고는 나란히 내 앞에 서서 함빡 웃으며 짧은 찬송가를 불러주셨다. 그것도 한국어로 된 찬송가를…. 노래를 불러주겠다고 했을 때도 놀랐지만, 그것이 한국어 노래라서 더 놀랐다. 발음이 정

확하지 않아 가사의 내용을 다 알아듣진 못했지만 완전히 반해버렸다. 그들은 여러 나라의 짧은 찬송가를 외워 인연이 생길 때마다 이렇게 불러준다고 했다. 베르나르도에게도 독일어 찬송가를 불러주셨단다. 그분들의 작은 노래가, 모든 이에게 참 소중한 선물이 되었을 것이다. 그것이 그분들에게 더 큰 기쁨이 된다고 했다. 음악은 종종 그 공간이 주는 감동을 배가시킨다. 특히 사람이 직접 불러주는 음악은 노래하는 사람의 감정이 고스란히 전해지기 때문에 더 그렇다. 전문가들의 흠 잡을 데 없는 노래보다 아마추어들의 순수한 노래가 더 감동적인 것도 그 이유다.

채프먼 부부는 재혼해서 함께 산 지 어느덧 22년째라고 했다. 이 길에서 사랑, 결혼, 이별 등에 대해 많이 배우고 있다. 이곳에서 만난 사람들은 '이혼했다', '이혼하려 한다', '재혼했다', '사별했다'라는 말을 스스럼없이 한다. 스스럼없이 말한다는 게 감정이 아무렇지 않다는 뜻은 아니다. 이혼의 아픔을 치유하기 위해 이 길을 걷는 이들도 있고, 사별한 남편의 재를 가지고 걷는 아주머니도 만났으니까. 다만, 다른 사람이 어떻게 보든 괘념치 않는다. 그저 이 모든 게 소중한 삶의 한 부분일 뿐이다. 사랑을 자연스럽게 내보이는 것처럼 사랑하는 이와의 이별도, 사별도 남은 삶을 위해 건강하게 받아들인다.

채프먼 아저씨는 영원한 사랑을 믿지 않는다는 나에게, 두근거리는 마음은 영원하지 않기 때문에 평생을 함께하고 싶은 사람을

만나면 끊임없이 노력하며 사랑을 지켜나가야 한다고 말했다. 아저씨는 노래 부르기 좋아하는 아내를 따라 노래를 즐긴다. 부끄러움을 많이 타지만 아내의 뜻을 받아들여 기꺼이 사람들 앞에서 함께 노래한다. 또 아주머니는 아저씨가 좋아하는 여행에 동참한다. 건강상의 이유로 아주머니는 많이 걷지 못하는데, 아저씨는 여러 번 걸을 만큼 좋았던 이 길을 부인과 함께 걷고 싶어 특별한 방법을 고안했다. 먼저, 자동차로 그날의 목적지에 가서 그곳 어딘가에 자전거를 숨겨둔다. 그리고 다시 자동차로 시작 부분에 돌아와서 차를 세워두고, 목적지까지 함께 걷는다. 아주머니는 그곳에서 기다리고, 아저씨는 숨겨두었던 자전거를 타고 자동차 있는 곳까지 간다. 그곳에서 자동차에 자전거를 싣고 다시 아주머니가 기다리는 곳까지 간다. 같은 길을 왔다 갔다 해야 하니 힘들고 번거로울 법도 한데, 아저씨는 좋아하는 사이클도 탈 수 있고, 사랑하는 아내와 아름다운 길을 함께 걸을 수 있으니 참으로 행복하다고 했다.

이 부부와는 다르게 〈사랑 후에 남겨진 것들〉(도리스 되리 감독)의 남편 루디는 아내 트루디가 원하는 것을 함께 하지 않고 살아왔다. 그렇다고 서로를 사랑하지 않았던 것도 아니다. 여행 대신 자녀들을 보러 갔을 때 바다를 거닐며 남편은 아내에게 말한다. "우린 행운이지. 서로가 있으니까. 그게 젤 큰 행복이야"라고. 이때 아내는 자신의 카디건이 늘어나도록 끌어당겨 남편 루디를 안아주는데, 두 사람을 감싼 파란색 카디건이 그렇게 따뜻해보일 수 없다.

143

〈사랑후에 남겨진 것들〉(Cherry Blossoms-Hanami, 2008), 도리스 되리 감독

사랑 후에
남겨진 것들

하지만 루디는 아내의 인생에는 관심이 없었다. 이렇게 옆에 아내가 있어 자신이 행복하다는 것을 알면서도, 그 사람이 함께하기 원한 것을 해주지 않았다.

아내 트루디는 남편의 건강검진 결과를 들으러 갔을 때, 그의 삶이 얼마 남지 않았으니 함께 하고 싶었는데 못한 것을 하라는 조언을 듣는다. 그녀는 늘 일본에 가고 싶어 했다. 후지산의 다양한 모습을 담은 목판화들을 보여주면서 흐르는 그녀의 독백은 애잔하다.

"늘 일본에 가고 싶었다. 후지산과 벚꽃을 그와 함께 꼭 한번 보고 싶었다. 남편 없이 구경하는 건 상상할 수 없다. 혼자서 보는 건 의미가 없다. 그 사람 없이 어떻게 살아갈 수 있을까."

간절히 원하지만, 남편이 모험을 싫어하고 반복되는 일상을 선호한다는 것을 알기에 일본에 가기를 포기한다. 곧 죽는다고 해도 그냥 출퇴근하며 똑같이 살 것이라는 남편의 이야기를 듣고, 그에게 닥친 죽음을 알리지도 않는다. 그런데 예고도 없이 먼저 죽는 쪽은 아내 트루디다. 예상치 못한 일을 겪고 아내가 없는 집으로 돌아갔을 때 루디는 일상을 살지 못한다. 사진과 물건들을 보며, 그녀의 삶을 이해하지 않고 그녀가 원했던 것을 함께 하지 않은 것을 후회한다. 트루디는 젊은 시절부터 일본 현대무용인 부토를 좋아했고 하기를 원했다. 그녀가 부토를 하는 모습을 담은 포토 북을 보면 표정과 몸짓이 생생한 것이 뛰어난 무용수였음이 짐작된다. 하지만 남편 루디가 부토를 괴상한 분장과 몸짓이 이상한 춤이라고 싫어 했기 때문에, 트루디는 그냥 엄마로서 아내로서 살았다. 세월이 흐르고 할머니가 되었어도 여전히 그녀는 일본에 가고 싶어 했고 부토를 좋아했지만, 남편은 일본 여행은커녕 부토 공연을 보러 가서도 공연장 밖에 있었다. 그랬던 그가 아내를 잃은 후 일본에 간다. 그녀의 옷을 입고 벚꽃을 보러 가고, 후지산을 보러 가고, 부토도 이해한다. 심지어 후지 산 아래에서 부토 춤을 춘다. 그녀가 곁에 있음을 느끼고 함께 추는 춤. 일본에서 그의 모든 행동이 그녀를 사랑하는 마음을 절절히 보여주지만, 죽은 후가 아닌 함께 있을 때 그녀가 그토록 원했던 것을 같이 했다면, 하는 안타까움이 크다.

채프먼 씨 부부가 너무도 좋아 보인 이유는 서로가 곁에 있는 동안 상대방이 원하는 것을 함께 해주기 때문이다. 상대가 좋아하는 것이 자신이 좋아하는 게 아니어도 그것을 인정하고 함께 한다. 사랑하는 사람과 함께 하니까 혼자 할 때보다 기쁨이 더 크다. 다른 이들에게도 감동을 선사한다. 한 사람이 일방적으로 희생하거나 상대방을 자신에게 동화시키려 하지 않고, 그 자신을 잃지 않게 도와주면서 함께 하는 것. 그것은 한 사람만을 사랑하는 심장을 가진 이가 첫 눈에 반하고 평생 사랑하다 죽는 날도 함께 죽는, 그런 이상적 사랑은 아닐지 모른다. 그런 사랑은 현실에는 없다. 영화 속에나 있을 뿐. **채프먼 부부는 오히려 다른 점을 인정하기 위해 끊임없**

이 치열하게 대화하고 조율해나갔을 것이다. 하지만 그렇게 인생을 함께 걷는 그들이 내게는 낭만적 영화에서 본 다른 어떤 사랑보다 아름다워 보였다. 변치 않는 사랑은 없다. 그래도 괜찮다. 이들처럼 인생을 함께 걸을 수 있다면.

사모스(Samos)에서

엠마, 메이슨과 제임스(Emma, Mason and James)

〈캡틴 판타스틱〉, 학교를 넘어선 교육

사모스 수도원 알베르게 앞에서 홈스쿨링을 한다는 엠마(Emma)와 아들 메이슨(Mason), 제임스(James)를 만났다. 그들은 캘리포니아 출신의 아홉 살, 일곱 살 어린 아이들인데 등산복과 배낭 등을 제대로 갖추고 걷기에 어디서부터 걸었는지 물어보았더니 세상에나, 나처럼 생장에서 시작했단다. 거의 700km를 걸어온 셈이었다. 힘든 기색 없이 밝은 얼굴로 인사를 하니까 만나는 사람마다 귀여워하고 칭찬을 해주었다. 아이들이 이 길을 완주한 후 얻게 될 자신감이 이후의 삶에 얼마나 큰 동력이 될지 짐작할 수 있었다.

그녀에게 내가 전직 교사였고 그만두었다는 이야기를 하면서,

서로 경험했던 학교에 대해 이야기하게 되었다. 그녀와 아이들이 힘들어했던 학교와 내가 경험한 학교가 너무 비슷해서 놀라웠다. 교육 시스템이나 교사들에 대한 비판의 말을 교사 신분에서 들었다면 기분이 상하고 방어기제가 발동해 해명하려 들었을 것이다. 하지만 이제는 객관적으로 볼 수 있으니 그녀의 말에 공감하며 대화할 수 있었다. 사실 학부모들만큼이나 교사들도 같은 이유에서 학교가 힘들다. 좋은 교사가 되고 싶은데 그렇지 못하고 있다고 느낄 때 얼마나 자괴감에 빠지는지 모른다. 교사로 14년 생활했던 존 홀트(John Holt)는 「학교를 넘어서 : 학교 밖에서 찾는 능동적 배움의 길」(아침이슬)에서 학교는 절대로 개혁될 수 없다고 단언한다. 학교에서 시행되고 있는 모든 강제적인 교육은 아이들이 자신의 마음과 사고를 스스로 다룰 수 있는 권리를 앗아가며 이는 아이들에게 가장 깊고 영원한 상처를 입힌다고 말한다. 그래서 아이들이 스스로 '하기'를 선택하고 자신의 경험으로부터 의미를 만들어내도록 도와야 한다고 강조한다.

학교가, 아이들이 좋아하는 것을 찾고 저마다의 소질과 적성을 알도록 다양한 활동을 체험하게 할 수 있는 곳이라면 참 좋겠지만 존 홀트의 주장처럼 사실 그렇지 못하다. 많은 교사들이 노력하고 있지만 교육정책 안에서 교육을 해야 하기 때문에 교사 개인의 힘은 제한적이다. 교육 정책이 바뀌어야 한다는 것을 학교 안팎의 모든 이들이 느끼고 있기 때문에 정책은 수시로 바뀐다. 교육을 개혁

하려는 시도가 계속 되고 있다는 것은 좋은 일일 것이다. 그런데 좋은 대학에 가야 하고 돈을 많이 버는 번듯한 직업을 얻어야 하는 것이 교육의 최종 목표인 이 근본적인 문제는 과연 바뀔 수 있을지.... 이 때문에 교사는 학생들의 학력을 신장시켜야 하고 학부모들은 다른 아이들과의 경쟁을 부추기며 아이들끼리도 서로 생채기 내고 멍들게 한다. 이런 이유로 엠마도 홈스쿨링을 선택한 것이다.

엠마는 자신이 무언가 제공하거나 지시하지 않고, 아이들이 다양한 사람을 만나고 우연한 일들을 겪으면서 배우도록 이 길을 걷는다고 했다. 즉 산티아고 순례길을 함께 걷고 있지만, 배우는 것은 아이들 각자의 몫이다. 그녀는 분명 아이들이 이 길을 통해 성장하리라 믿는다고 했다. 이들과 유명한 사이프러스 나무가 있는 작은 교회에 갔다. 사이프러스 나무를 안으면 산티아고까지 아무 탈 없이 갈 수 있다고 해서 우리는 그 나무를 온 팔로 감싸 안았다. 이후에는 사모스 수도원 투어도 같이 했다. 이 수도원은 건물 외부도 특색 있고 정원도 아름다웠다. 내부도 천정부터 바닥까지 세심하게 잘 만들어졌다. 엄청난 양의 벽화가 그려져 있었는데, 그림 스타일도 다양하고 독특했다. 엠마는 가이드에게 궁금한 것을 묻고 답을 들으며 자신이 먼저 이를 즐겼다. 아이들은 뛰어놀다가도 엄마와 가이드가 하는 대화 내용을 주의 깊게 들었다. 엠마의 교육방식이 무엇인지 조금은 알 것 같았다. 며칠 후 쉴 겸 커피 한 잔을 하려고 간 카페에서 그들을 다시 만났다. 자리가 없어 서성거리기에, 우

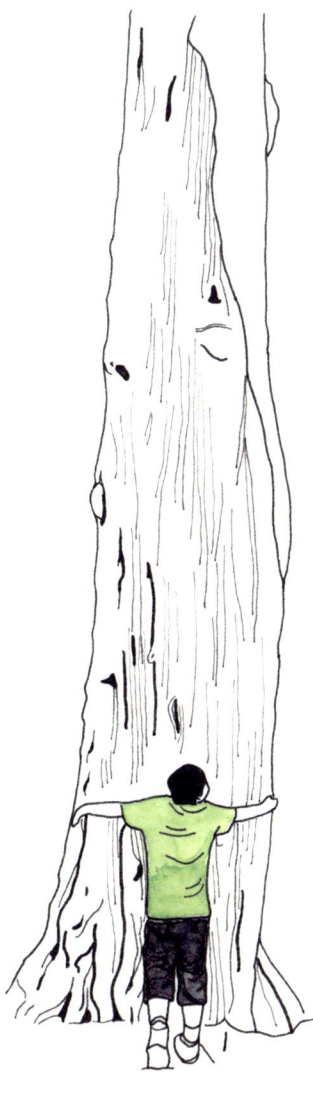

리가 다 먹었으니 여기 앉으라고 탁자를 치우는데, 큰아들이 재빨리 와서 거들었다. 엄마가 시키지도 않았는데 그냥 저절로 몸에 밴 모습이었다. 아홉 살짜리가 이렇게 바로 뭔가를 행동한다는 건 제대로 된 홈스쿨링의 힘일 것이다. 마음에서부터 칭찬이 우러나왔다. 용감하게, 소신 있게 홈스쿨링을 하는 엠마. 산티아고 순례길을 혼자 걷기도 쉽지 않은데 홈스쿨링의 일환으로 아이들을 데리고 걷는 건 아무나 할 수 있는 일이 아니라는 생각이 들었다. 아이들의 밝은 모습에서 참교육의 힘을 보았고, 앞으로 이 아이들이 얼마나 잘 성장할 것인지 기대가 되었다.

〈캡틴 판타스틱〉(맷 로스 감독)은 세상과 단절된 채 홈스쿨링을 하며 자연 속에서 살아가는 가족에 대한 영화다. 이 영화에서 부모는 학교 제도만이 아니라 정치, 경제, 종교 등 모든 사회 제도의 부조리를 인지하고 아이들에게 가르친다. 아이들은 자연에서 신체를 단련하고 책을 읽고 토론하며 스스로 선택한 것을 학습한다. 농작물을 재배하고 사냥도 하면서 음식도 건강하게 먹는다. 자기 생각을 언어로 제대로 구현할 수 있고, 춤추고 악기를 연주하며 감정을 표출하기도 한다. 하지만 이 영화에서 부모의 교육 중 극단적인 면들도 보인다. 판타스틱한 이들의 삶을 무한히 동경하다가도 마음이 조금 불편해지는 건, 이 때문이다. 홈스쿨링에서 부모가 자녀들에게 권위적인 교사가 되어서는 안 된다. 하지만 영화에서 아빠는 자신의 신조가 확실하고 아이들에게 좋은 것을 제공해주고 있다는 생각이 강하기 때문에 아이들과 자주 의견 충돌을 겪는다. 엠마도 홈스쿨링을 하면서 자신이 보기에 좋은 것을 제공해주는데 아이들이 이를 즐기지 않을 때 속상해하기를 숱하게 반복했다고 했다. 〈캡틴 판타스틱〉에서의 아이들은 배움에 있어 진취적이지만, 사회와 완전히 단절되어 있기 때문에 원하는 것을 온전하게 선택할 수 없었다. 결국 현실과 타협하고 선택을 해야만 했을 때, 큰아이는 하버드를 비롯한 많은 대학에 합격하지만 여행을 선택했고, 나머지 아이들은 제도교육 안에 들어갔어도 집에서는 홈스쿨링을 통해 배웠던 것들을 그대로 행한다. 제도권 밖에서 살아왔던 그들의 지난 삶에 대한 믿음이 느껴지는 부분이다. 영화를 보는 내내 아빠 벤과 아이들을 계속 응원했고, 약간의 불편한 마음이 있을지언정 이 영화가 무척 좋았던 이유가 이것이다.

요즘 우리 사회에는 스스로 학교 밖으로 나오는 아이들도 많다. 그래서 학교 밖 청소년들을 지원하는 정책도 다양하다. 학교 안이든 밖이든 아이들은 스스로 선택할 수 있는 권리를 가지고 행할 때 더 큰 힘이 생긴다. 학교 안에 있는 아이들 못지않게, 학교 밖으로 나올 수 있는 용기를 가진 아이들이 많은 것을 배우고 느끼고 생각하며 꿈을 키울 수 있다는 것을 믿어 의심치 않는다. 판타스틱한 캡틴은 물론 판타스틱한 아이들이 판치는 판타스틱한 세상을 꿈꾸며, 학교 안팎에서 노력하고 있는 모든 이들을 진심으로 응원한다.

〈캡틴 판타스틱〉(Captain Fantastic, 2016), 맷 로스 감독

오스피탈 데 오르비고(Hospital de Orbigo) &
팔라스 델 레이(Palas del Rei) - 산티아고 데 콤포스텔라(Santiago de Compostela)에서

베르나르도(Bernardo)

〈스틸 앨리스〉, 건강한 삶

오스피탈 데 오르비고(Hospital de Orbigo)의 아름다운 다리를 지나 마을을 통과하는 길에서 아주 느리게 절룩거리며 걷는 순례자를 만났다. 인사하고 지나쳐 가려다가 우비를 제대로 못 입고 있는 것 같아 잠시 도와주었다. 이후 내가 장갑을 떨어뜨려 온 길로 되돌아갔는데, 그가 내 장갑을 주워서 기다리고 있었다. 장갑을 주며 그가 우렁찬 목소리로 말했다.

"우린 이제 서로 도움을 주고받은 특별한 사이가 된 거야."

그의 이름은 베르나르도(Bernardo), 독일인이고 요리사다. 오래서 있어야 하는 직업이라 둔부에 문제가 생겼고 결국 수술을 해야

만 했다. 수술 전, 다시 걸을 수 없을지 모른다는 말을 듣고 몹시 두려웠다고 한다. 항상 소망하고 있던 산티아고 순례길 걷기도 일하느라 바빠 차일피일 미뤘는데, 산티아고 순례는커녕 동네 공원도 걷지 못할 수 있다고 생각하니 모든 것이 참담했단다. 인공둔부를 장착했지만, 절룩거리게 되었다. 그래도 다시 걸을 수 있다는 것만으로 무척 감사해서 순례길에 대한 소망을 실천하기로 했다. 결정하고 길을 나서니 기대보다 더 즐겁다고 했다. 그래서 그는 아주 씩씩하고 밝았다. 신나게 노래를 부르면서 걸었고, 그 노래가 우리를 덩달아 기쁘게 했다.

그를 다시 만난 것은 처음 만난 때로부터 한참 후인 팔라스 델 레이(Palas del Rei)에서였고, 산티아고 입성을 함께 한 동행인 중 한 명이 되었다. 불편한 몸이지만 정말 열심히 걸었기 때문에 땀을 몹시 흘려 머리칼은 항상 젖어 있었다. 독일인답게 맥주를 참 좋아했고 많이 마셨다. 땀으로 흘린 수분을 맥주로 다 보충하려는 듯했다. 평소에도 노래를 즐겨 부르지만, 맥주를 마시고 기분이 좋아지면 어김없이 노래를 불렀다. 보엔테(Boente) 알베르게의 저녁식사에서도 기분이 좋아진 베르나르도가 역시 목청 높여 노래했다. 잘 부르는 노래도 아니었고 실내였지만 아무도 눈살을 찌푸리지 않았다. 오히려 손뼉을 치고 함께 즐거워했다. 옆 테이블에서는 거의 합석 분위기로 가까이 다가와서 사진을 보여주며 그들의 이야기를 들려주기도 했다. 베르나르도의 건강하고 밝은 기운에 사람들이

전염된 것이다.

산티아고를 지척에 둔 몬테 도 고소(Monte do Gozo)에서 그동안 유용하게 쓴 낡은 장갑을 비롯해 몇 가지를 버리고 있는데, 그는 내 장갑 한 짝을 쓰레기통에서 다시 꺼냈다. 떨어뜨린 장갑을 주워 준 인연으로 결국 이렇게 마지막까지 함께 하게 되었다며, 기념으로 자신이 갖겠다고 했다. 때 묻고 망가진 장갑인데…. 그에게는 이 길이 소중한 만큼 길에서의 모든 인연도 소중한 듯했다. 그 마음이 참 따뜻하게 느껴졌다.

산티아고에 도착한 후 성당 앞 광장에서 베르나르도는 나를 아주 세게 끌어안으며 "너는 굉장한 여자야"라고 칭찬해주었다. 그 칭찬이 멋쩍었다. 내가 아니라 그가 굉장한 남자였다. 절룩이며 걷는 것이 많이 힘들었을 텐데 단 한 번도 찡그린 얼굴을 보여준 적이 없었고, 진심으로 이 길을 즐겼다. 그날 밤 산티아고 대성당 앞에서 열린 록밴드 공연을 보며 춤도 얼마나 즐겁게 추던지…. 그는 정말 누구보다도 힘이 넘쳤다. 그리고 다음날 걸음을 멈추지 않고 바로 피스테라로 출발했다. 피스테라의 0.0km의 표지석 옆에서 자신의 꿈을 이루었다며 찍어 보낸 사진에서 그는 더 많이 행복해보였고 건강해보였다.

건강하다는 의미가 무엇일까. 절뚝거리고 늘 머리칼이 땀으로 젖어있는 그가 그토록 건강하고 힘차 보이는 것은 왜일까. 그건 아마도 순간순간의 삶을 소중하게 살아내고 있기 때문일 것이다. 〈스틸 앨리스〉(리처드 글랫저, 워시 웨스트모어랜드 감독)의 알츠하이머에 걸린 앨리스가 그랬듯 말이다. 많은 이가 쉽지 않은 인생을 정말 열심히 살아간다. 공부하고 직업을 얻고 그 일에서 최선의 것을 얻어내기 위해 노력을 거듭하며 살아간다. 요리사였던 베르나르도가 그랬고 영화 속 앨리스도 그랬다. 앨리스는 뉴욕 컬럼비아 대학의 언어학 교수로 많은 책을 저술하고 훌륭한 강의를 하는 존경받는 교수였다. 그런데 지적능력이 다른 이들보다 높았던 그녀에게 불쑥 조발성 알츠하이머라는 병이 찾아온다. 일하느라 자신을 돌보지 않아서 생긴 병도 아니다. 유전적인 병이다. 치료법도 없다. 그런데도 그녀는 좌절하지 않는다. 왜냐고 묻지도 않는다. 그냥 순간순간을 열심히 살아낸다. 메모하고, 알람을 맞춰놓고, 단어를 거듭 외우면서. 그리고 가족들에게 솔직하게 이야기하고 도움을 받는다. 그녀가 평생 쌓아 온 커리어가 한순간에 무너지고 소중한 추억들이 다 사라지는 것에 대해 지옥 같은 고통이라 고백하지만, 그 고백은 참으로 담담하다. 건강을 잃은 사람들은 이전의 모습에서 멀어져 우스꽝스럽고 이상한 행동과 말투를 가지게 된다. 그것은 타인에 대한 인식만이 아니라 자기 스스로에 대한 인식도 바꾼다. 바보 같고 무능하다고. 그것이 얼마나 큰 고통일지 짐작이 가고도 남는다. 앨리스도 그 때문에 자살을 생각하니까 말이다. 하지만 앨리스는 그렇게 된 것이 자신 때문이 아니라 병 때문이라 말하면서 자신을 질책하기보다 이 세상의 일부가 되기 위해 여전히 애쓰고 있는

〈스틸 앨리스〉(Still Alice, 2014), 리처드 글랫저/워시 웨스트모어랜드 감독

자신을 토닥인다. 앨리스는 순간을 살면서 상실의 기술을 배우고 자신을 너무 다그치지 않겠다고 사람들 앞에 공표한다. 그리고 급속도로 진행되는 병에도 불구하고 그 공표대로 매순간을 잘 살아낸다. 베르나르도도 그렇게 하루하루 걸었다. 자신이 할 수 있는 만큼 최선을 다하면서, 못하는 자신을 다그치지 않으면서.... 걸을 수 있을 때 걷고, 맥주 마실 수 있을 때 맥주도 마시고, 노래할 수 있을 때 노래하고, 곁에 있는 사람에게 칭찬을 아끼지 않으면서.... 그렇게 남들보다 더 걸어냈다. 그것이 그토록 건강해보였던 것이다. 앨리스의 충고처럼 상처 입고 힘들어도 살아 있고 일할 수 있고 사랑하는 사람들이 있고 행복과 기쁨이 충만한 순간도 있는 삶을 살아내는 것. 대단치 않을지 모르지만 그냥 그것이 건강한 삶인 것 같다.

피스테라의 0.0km의 표지석 옆에 당당하게 서 있던 베르나르도의 환한 미소를 자주 꺼내봐야겠다.

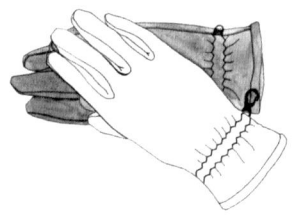

팔라스 델 레이(Palas del Rei) – 산티아고 데 콤포스텔라(Santiago de Compostela)에서

브루노(Bruno)

〈클라우즈 오브 실스 마리아〉, 나이를 초월한 존재

〈클라우즈 오브 실스 마리아〉(올리비에 아사야스 감독)는 특별한 사건도 없이 나이든 여배우의 일상을 따라가는 영화지만, 젊음과 나이듦이 너무 잘 그려져서 인상 깊었다. 마리아는 인지도도 높고 어느 정도 권위가 있는 중년 배우다. 그녀의 꽃다운 시절 처음으로 이름을 알렸던 연극의 재공연이 기획되면서, 그녀에게 젊은 시절 맡았던 매력적인 배역(시그리나)이 아닌 나이든 여자(헬레나) 역의 섭외가 들어온다. 젊고 특별한 시그리나 역에 매료되었던 마리아는 이제 헬레나의 나이임에도 불구하고, 사랑에 이용당하고 불행해져 자살하는 그 역에 좀처럼 감정이입을 하지 못한다. 마리아에

163

게는 그녀의 모든 삶을 이해하고 도와주는 젊은 비서 발렌틴이 있는데, 발렌틴은 함께 연습에 매진하며 배역을 이해할 수 있도록 다른 관점에서 끊임없이 이야기를 해준다. 그런데도 마리아는 말도 안 되는 이야기라는 듯 깔깔거리며 발렌틴의 이야기를 무시해버리기 일쑤다. 또 요즘 화젯거리인 젊은 스타들을 전혀 이해하려 하지 않는다. 젊은이들의 문화를 수준 낮게 치부하고 다른 별에 사는 사람 취급한다. 그런 그녀에게 발렌틴은 그 다른 별이 '현실세계'라는 별이니 어서 오라(Welcome!)고 충고하지만 마리아는 듣지 않는다. 심지어 등산로를 찾을 때에도 지도까지 보여주며 안내하는 발렌틴의 이야기를 무시한다. 그녀의 고집대로 가다가 길을 잃어도 끝까지 자신이 옳다고 생각한다. 결국 마리아는 그녀를 진심으로 아끼고 사랑했던 발렌틴을 잃고 만다.

나이가 들면 왜 그렇게 아집이 강해지고 충고 듣기를 싫어하는 걸까? 영화 속 연극의 주인공 헬레나도 "젊은 사람이 가르치려 드는 게 너무 싫다"고 말한다. 그것은 인생을 당신보다 많이 살았고 경험이 많아 다 안다는 자만심에서라기보다 그들과 전혀 다른 문화와 세계관을 가진 진짜 다른 세계에 살고 있어 그들을 전혀 이해할 수 없기 때문일 것이다. 화성에서 온 남자 금성에서 온 여자만큼, 세대가 다른 젊은 친구들과 일을 같이 해보면 내가 이해 못하는 이상한 세계에서 살고 있다는 생각이 들 때가 종종 있다. 그리고 그들 세계보다 내가 사는 세계가 낫다는 생각이 든다. 그래서 가르치려 드는 젊은이에게 그런 가르침은 필요 없다는 마음이 드는 것이다.

이 길에서 나를 가르치려 하는 젊은 친구 브루노를 만났다. 그는 아르헨티나에서 온 순례자로, 종착지인 산티아고에서 100km 전 마을인 사리아(Sarria)부터 걷기 시작했다. 그와는 팔라스 델 레이(Palas del Rei)에서 처음 만나 산티아고까지 함께 걸었는데, 남미 남자 특유의 느끼함 없이 잘생긴 청년이었다. 스스로 자기가 잘생긴 것을 안다는 게 약간 문제이긴 했지만…. 카사노바 기질이 다분해서 만나는 여자마다 스스럼없이 대시하고 카사노바라는 마을의 팻말 옆에서는 좋다며 사진을 찍었다. 그런 넘치는 패기가 나쁘지 않았다. 이런 게 바로 젊음의 특권 아니겠는가. 다만 존재 코칭이라는 특이한 직업을 가진 탓에 함께 있는 동안 자주 질문을 했고 그 부분이 나를 조금 힘들게 했다. 그의 첫 번째 질문은 이랬다.

"누나는 어떤 삶을 살고 싶어?"

그 질문으로 인해 내가 원하는 삶에 대해 다시 생각해보긴 했지만, 그것을 그에게 설명하기가 쉽진 않았다. 그는 도와주고 싶다고 이야기해보라고 했지만, 도와주기는커녕 이해할 수 있을 것 같지도 않았다. 이런 내 마음을 알아챘는지 그는 자신의 이야기를 털어놓았다.

"나는 잘나가는 은행원이었어. 돈도 많이 벌었고, 집도 사고 차도 샀어. 그런데 어느 날 갑자기 회의가 밀려오는 거야. 난 왜 여기서 이렇게 일만 하는 건지, 이렇게 사는 것이 행복한가. 근데 그때 누

군가에게 네가 원하는 삶은 무엇이냐는 질문을 받았어. 그 질문이 나에게는 너무 강렬했어. 깊이 생각해보았지, 내가 원하는 삶에 대해. 결국 은행을 그만두고 세계를 여행했어. 폴란드와 인도에서는 봉사활동도 하고. 이후 존재론적 코칭에 대한 공부를 했어. 지금은 사람들에게 원하는 삶과 꿈을 물어보고 그것에 대한 신념을 갖고 행동하도록 돕는 코치 일을 하고 있어. 그게 내 존재 이유고, 그래서 지금 행복해."

브루노는 자신이 원하는 것을 찾으려 노력했고 명확하게 알아냈다. 하지만 그것을 그리 확실히 알아내는 건 쉽지 않다. 특히 나이가 들수록 원하는 삶을 산다는 것에 제약이 많다. 아니, 겁이 많아지는 것일 수도....

"누나가 원하는 게 자신을 떨리게 하는 진실한 감정인지 생각해봐. 진실한 떨림이라면, 불안과 두려움에 지배당하지 말고, 원하는 것을 실천에 옮겨야 하는 거야."

겁이 많아지는 게 확실하다. 나를 두근거리게 만드는 것도 이젠 거의 없지만, 그런 것이 있어도 나를 불안하게 하면 그 불안에 잠식당하고 만다. 실천에 옮길 용기가 안 난다.

"너는 앞으로 어떤 삶을 살고 싶은데?"

"나는 사람들에게 끊임없이 당신의 꿈이 무엇인지, 어떤 삶을 살고 싶은지 물어보고 그 물음으로 그들이 자신에 대해 생각해보도록 도와주고 싶어. 그래서 모두 자신이 원하는 삶을 살면서 행복해졌으면 좋겠어."

그가 그런 질문에 영향을 받고 삶을 바꾸었기에 이 질문의 힘을 믿고 있다. 하지만 그 질문을 곰곰이 생각한다고 해도, 사람에 따라 여러 가지 요인으로 살던 삶을 바꾸지 못하는 경우가 많다. 특히 나 같이 벌써 머리가 굳어진 사람은 그의 스킬 없는 질문들에 영향을 받지 않는다.

생각이 많은 나를 보고 브루노가 답답한 듯 말했다.

"누나, 그냥 하루하루 행복하게 살아. 왜 이렇게 생각이 많고 걱정이 많은 거야?"

브루노가 이기적인 사람이 아니라는 것을 알기 때문에, 그의 충고에 기분이 상하지는 않았다. 하지만 같이 일하던 젊은 친구에게 비슷한 충고를 들었을 때의 속상했던 기억이 났다. 그 친구는 철저히 개인적인 행복을 추구했고, 괜한 책임감으로 스스로 힘들게 일한다며 나를 비판했다. 하지만 나야말로 놀만큼 실컷 놀고 일하기 싫으면 일하러 오지 않는 그녀의 당당함을 이해할 수 없었다. 〈클라우즈 오브 실스 마리아〉에서도 스캔들 제조기인 젊은 배우 조앤과 그녀의 스캔들에 열광하는 세대를 이해할 수 없었듯이 말이다. 물론 세대가 달라서가 아니라 가치관이나 삶의 방식이 달라서 이해 못 하는 것일 수도 있다. 만났던 젊은 친구들이 다 그녀 같지는 않았으니….

〈클라우즈 오브 실스 마리아〉의 마리아가 발렌틴에게 그랬듯,

난 브루노의 말에 끊임없이 딴죽을 걸고 받아들이지 않았다. 브루노도 발렌틴처럼 이치에 맞는 이야기들을 하고 나를 진심으로 위하는 이야기를 하는데 받아들이기가 쉽지 않았다. 나이는 숫자에 불과하다고 흔히 말하지만, 젊기 때문에 할 수 있는 것들이 더 많은 게 사실이다. 그래서 요즘 난 '조금만 나이가 어렸으면' 혹은 '다음 생에 태어나면'이라는 말을 숱하게 반복한다. 하지만 솔직히 젊었을 때도 그렇게 못했다. 그래놓곤 이제 와서 그것을 젊은이의 특권으로 치부해버린다. 비겁하기 짝이 없다.

생각해보면 **젊음의 특권이 있듯 나이듦의 좋은 점도 있다.** 〈클라우즈 오브 실스 마리아〉의 발렌틴이 젊음의 특권에 집착하고 있는 마리아에게 이야기해주었듯, 나이 든 사람들은 자신만을 생각하지 않는다. 다른 사람, 다음 세대를 생각한다. 인간적이다. 또 일에서도 오랜 세월 경험에서 비롯된 내공이 있다. 마리아는 배우로서의 풍부한 경험을 바탕으로 자기 일에 깊이 빠져든다. 잘한다고 자만하지 않고 연습에 연습을 반복한다. 그녀의 내공은 깊이가 있어서 배역이 매력적이지 않음에도 불구하고 당찬 젊은 배우 조앤보다 **훨씬 빛이 난다. 게다가 중년의 성장은 훨씬 더 아름답다.** 발렌틴을 잃은 후 그녀는 더는 젊음의 특권에 집착하지 않고, 다른 이의 관점을 받아들이는 유연성을 갖추게 되었다. 스물다섯 살 초짜 감독의 SF 영화 제의도 무조건 거부하는 것이 아니라 시나리오를 읽어보고 감독의 이야기도 들어본 후 판단한다. 유연해진 사고로 그녀는 훨

〈클라우즈 오브 실스마리아〉(Clouds of Sils Maria, 2014), 올리비에 아사야스 감독

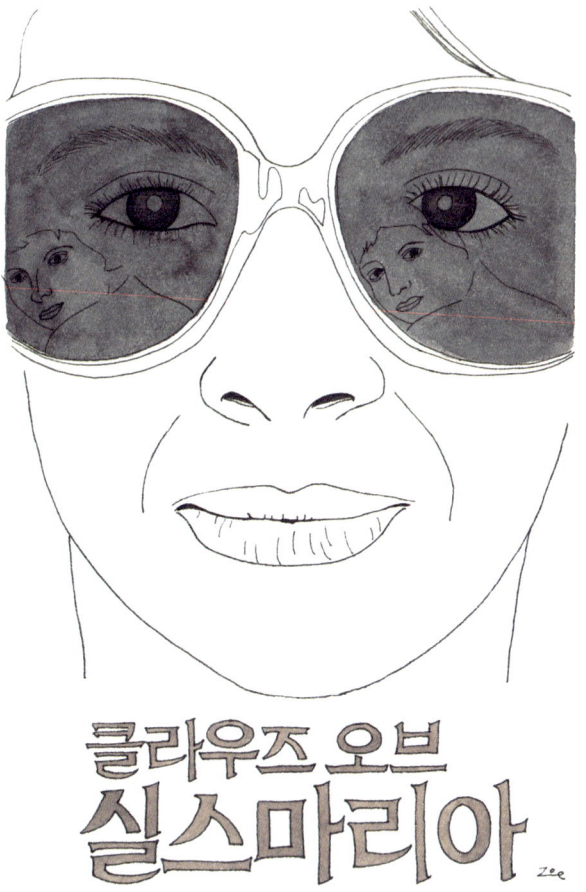

씬 더 편안한 사람이 된다.

인정해야겠다. 브루노는 확실히 멋진 청년이다. 그는 세상이 조금이라도 나아지는 데 기여하는 일을 하고 싶다고 했고, 그걸 말로만 떠들지 않았다. 도움이 필요한 사람들에게 손을 내밀고, 특히 순례길에서 만난 어른들을 배려하며 그들이 지닌 문제점을 해결해주려 애썼다. 성당에서는 동행인들에게 초를 사주고 함께 기도했다. 카미노에 떨어진 휴지도 주우면서 걸었다. 생기 넘치고 항상 싱글벙글해서 분위기 메이커 노릇도 톡톡히 해냈다. 그런 그가 내게 물었던 질문을, 세상 물정도 모르는 청년의 의미 없는 물음으로 치부하지 말고 곰곰이 다시 생각해봐야겠다. 마리아처럼 유연한 사고가 필요하다.

카미노가 끝난 지금도 그는 종종 자신이 쓴 '너의 인생은 너의 것', '당신은 열정적으로 살도록 자신을 고무하는가?' 등의 칼럼을 보내온다. 이제는 그의 말을 나의 인생을 열정적으로 살 수 있도록 고무하는 좋은 말로 들으려 한다. 성장을 방해하는 고집을 버리고, 잡생각을 비우고 말이다.

몬테 도 고소(Monte do Gozo) - 산티아고 데 콤포스텔라(Santiago de Compostela)에서

에바, 미하엘 그리고 마르타(Ewa, Michal and Marta)

〈해피 이벤트〉, 간절히 기도하며 걸어가는 인생

몬테 도 고소(Monte do Gozo)에 가기 전, 마지막으로 쉬기 위해 들른 바의 한쪽에 눈에 띄는 사람들이 있었다. 만삭인 임산부와 아장아장 걷는 아기, 그리고 그들을 돌보는 남편. 모두 순례자였다. 정말 이 길에는 무언가 있음이 분명하다. 그렇지 않고서는 이런 순례자들이 있을 수 없다. 아기가 너무 예뻐 자꾸 쳐다보았는데, 그 아기도 나를 보고 계속 웃어주었다. 이들을 몬테 도 고소에 도착한 후 바에서 다시 만났다. 그들이 알아보고 먼저 다가와 말을 걸었다. 폴란드에서 왔다고 자신들을 소개했다. 에바와 미하엘, 그리고 사랑스러운 아기 마르타. 딸이 사람들에게 잘 웃어주지 않는데, 나를 보

고 너무 잘 웃어 신기하다고 했다. 난 어린 아이들과 잘 놀아준다. 마르타와도 재미나게 놀아주니 에바가 폴란드에 와서 유모를 해달라고 농담을 했다.

산티아고에 들어가면 함께 시간 맞춰 밥을 먹자고 해서, 도착 다음날 순례증서를 받은 후 마르타 가족을 만나러 갔다. 순례길의 마지막까지, 이렇게 짧은 인연이지만 그냥 스쳐 지나가지 않는 끈끈한 인연이 만들어진다. 레스토랑에서 느긋하게 밥을 먹으며 그들의 러브스토리를 들었다. 에바가 말했다.

"우리는 연애하다가 아기를 갖기 위한 소망을 가지고 같이 기도하면서 이 길을 걸었어. 산티아고에 도착했을 때, 미하엘이 대성당에서 조개 문양 팔찌를 걸어주며 청혼했어. 난 받아들였고(아직도 그 팔찌를 걸고 있었다) 이후 산티아고 대성당에서 결혼했어. 산티아고에서 돌아온 후, 바로 기적처럼 마르타가 생겼어. 우리는 다시 마르타의 건강한 출생을 위해 폴란드에서부터 산티아고까지 3,000km나 되는 거리를 운전해서 산티아고 대성당에 기도하러 왔어. 그 엄청난 거리를 미하엘 혼자 운전해서 말이야. 사실 그때 우린 아기의 이름을 정하지 못하고 있었는데, 이곳 산티아고에서 영감을 받아 '마르타'라 이름 지었어."

순례길의 마지막에 만난 아기 마르타. 내가 라바날 수도원에 머물면서 떠올렸던, 그 성경 구절에 등장하는 마리아의 언니도 마르타(개신교에서는 마르다로 번역)였다. 일하면서 바쁘고 생각이 많고 판단도 많은 마르다였기에 그 속에서 내가 보였고, 말씀만 누리고 그 좋은 편을 빼앗기지 않는 마리아가 샘이 나서 그 구절이 싫었는데 이 아기를 만난 후, 마르다가 다르게 생각되었다. 예수님을 집으로 초대한 이는 마르다이다. 그분을 사랑해서 대접하기를 원하고 그분의 말씀을 듣고 싶었기에 초대했을 것이다. 예수님도 충고하실 때, "마르다야, 마르다야"라고 두 번을 불러주신다. 애정을 담아 불러주시는 것이다. 마지막 순례자 친구로 마르타를 만난 것은 우연이 아니라는 생각이 들었다.

그녀의 이야기는 계속 이어졌다.

"이번이 세 번째로 산티아고에 온 거야. 이번에 우린 폰페라다부터 시작했어. 미하엘은 마르타를 업고 걸어야 하고, 나도 배가 상당히 나와서 긴 거리를 걸을 수는 없으니까…. 오늘이 우리의 결혼 3주년 기념일이야. 사실 이번에도 특별한 목적으로 왔어. 둘째 아이의 건강한 출생을 위해…. 어디서든 기도는 할 수 있지만, 길을 걸으면서 오로지 그 문제에만 집중해서 간절히 기도하는 게 중요하다고 생각했어. 그렇게 하면서 우리는 계속 기적을 경험했으니 말이야. 우리에게 산티아고는 아주 특별한 곳이야."

그녀의 아름다운 러브스토리를 들으면서 아이러니한 생각이 들었다. 결혼을 하고 아이를 갖고 가정을 이루는 것이 참 아름답게 보이지만, 사실은 이렇게 간절히 기도하지 않으면 불가능할 만큼 힘든 일들이 아닐까 하는…. 〈해피 이벤트〉(레미 베잔송 감독)의 바바

〈해피 이벤트〉(A Happy Event, 2011), 레미 베잔송 감독

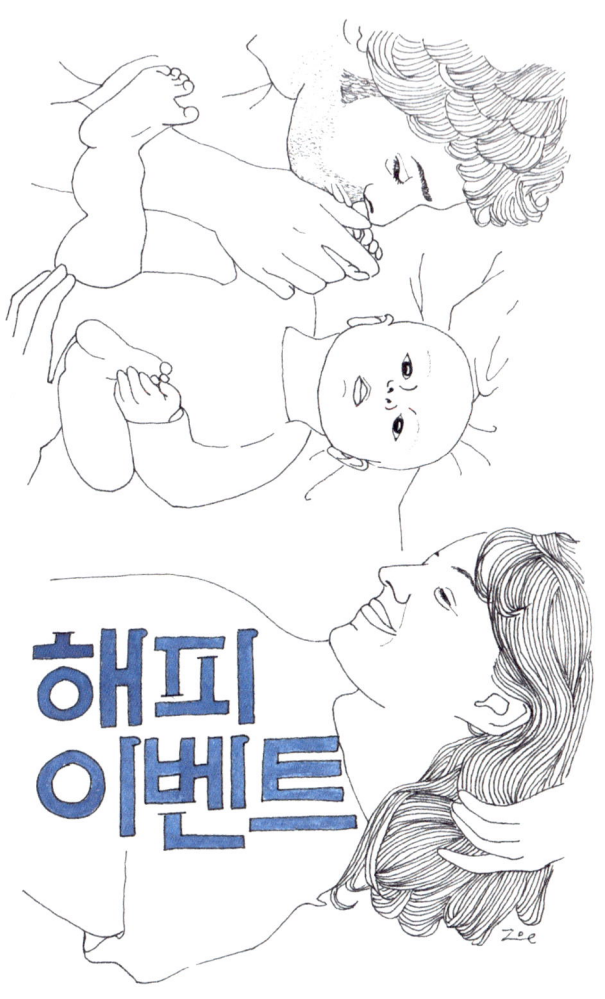

라와 니콜라스는 웃는 것만 봐도 심장이 벌렁거릴 정도로 서로를 너무 사랑해서 아이를 갖고 싶었고, 아이를 가졌다. 비디오 가게 점원으로 편하게 살아왔던 니콜라스는 이젠 가정의 경제를 책임져야 하고, 교수가 되기 위해 준비하던 바바라는 아이를 낳기 위한 온 고통을 다 겪으며 논문을 완성했음에도 조교수 자리에서 밀려난다. 두 사람 모두 이제 자신의 삶이 아닌 가정의 일원으로서의 삶을 살게 된 것이다. 영화는 이 점을 아주 현실적으로 보여준다. 두 사람 모두 자신의 삶을 잃고, 상대방을 사랑하지 않게 되었으며 결국은 서로에게 '지옥 같다', '감옥 같다'는 말로 상처 주며 헤어진다. '딸과 함께 모든 게 바뀌었다. 내 삶을 뒤엎어 놨고, 날 궁지에 몰아넣었고, 내 한계를 초월하게 했다'는 독백과 함께 바바라가 아픈 가슴을 움켜쥘 때 그 아픔이 내 가슴에도 고스란히 전달되었다. 그들이 다시 만났을 때, 헤어져 있던 시간 동안 서로를 그리워하고 다시 만나면 눈빛만 봐도 사랑을 확인할 수 있기를 바랐건만, 서로에게 짧은 미소만 보여줄 뿐이었다. '시간이 모든 걸 해결해줄 것이고 이것이 인생이다'라는 바바라의 마지막 독백이 더없이 쓰게 느껴졌다.

아이가 생겨서만이 아니라 아이를 너무 갖고 싶은데 안 생기는 부부에게도, 혹은 아이 없이 잘 살 수 있다고 생각해 안 가지려는 부부에게도, 결혼 생활은 자신의 삶을 뒤엎어 놓고 궁지에 몰아놓고 한계를 초월하게 만드는 힘든 것일 수 있다. 그렇기 때문에 에바나 미하엘처럼 기적을 바라며 간절히 기도하는 시간을 갖는 것이다. 그래도 참 다행인 건 에바와 미하엘이 말했듯 기적은 일어나고, 시간이 흐르면서 아픔도 옅어진다. 엄마가 아이 낳았던 고통을 잊듯이, 잊혀야 할 것은 잊게 된다. 그것에 필적할 새로운 기쁨도 생겨난다. 결혼을 하든 안 하든, 아이를 낳든 낳지 않든, 자신이 원하는 일을 하든 그렇지 않든, 모든 인생은 쉽지 않다. 내가 노력한다고 해서 그대로 되지 않는다. 그래서 사람들은 오늘도 산티아고 길을 걷는다. 간절히 기도하면서.

에필로그

부엔, 카미노!

내 인생 가장 찬란했던 순간

산티아고 순례길을 걷는 것은 내가 계획한 게 아니라 운명처럼
주어졌다. 이 길을 걸으면서 난 무엇을 해야 할지 몰랐다. 무슨 기도
를 해야 할지, 어떻게 생각을 정리할지, 사람들을 어떻게 만나야 할
지, 길 끝에 갈 수나 있을지.... 아무것도 알지 못했다. 하지만 이 길
에는 특별한 무언가가 있었다. 소원을 가지고 수십 일 동안 어마어
마한 거리를 걸어내는 사람들에게 그 소원이 이루어지든 이루어지
지 않든지, 어떠한 부분에서 분명히 변화가 일어났다. 카미노의 첫
미사에서 신부님이 하신 말씀이 그것이었다.

마마 데이나의 70세 생일 축하를 위해 아들 버취가 함께 걸으
면서 이 길이 그들 모두에게 행복한 선물이 되었고, 글렌 아저씨나

안토니오 아저씨는 은퇴 후 버킷리스트 중 하나를 이루었다. 한국과 독일에서 온 각각의 모녀는 서로에게 가졌던 마음의 응어리들을 풀고 더 가까워질 수 있었고, 미경이처럼 사랑도 일도 쉽지 않은 청춘이 길을 걸으며 자신을 돌아보고 앞날에 대한 계획을 세우기도 했다. 영국에서 온 청소년 사범들처럼 걷는 것으로 속죄하고 아픔을 치유 받기도 했고, 홈스쿨링을 하는 엄마와 아이들은 넓은 세계와 다양한 사람에게서 많은 것을 보고 배우며 서로 성장할 수 있었다. 제인 아주머니처럼 사랑하는 사람과 사별 후 홀로서기 위해 강인함을 쌓기도 했고, 아나처럼 성공해서 평탄히 살 수 있는 삶을 가진 사람도 그 평탄한 삶을 깨고 더 나은 무언가를 추구하기 위해 고군분투할 힘을 비축하기도 했다. 론처럼 열심히 앞만 보고 달린 사람들이 삶의 한 자락에서 한 박자 쉬어가기도 했고, 프란시스카처럼 건강하고 활기차게 사는 이들은 필요한 이들에게 단단한 어깨를 빌려주기도 했다. 베르나르도처럼 잃었던 건강을 되찾아 감사하며 씩씩하게 목적지 너머까지 걸어내는 사람도 많았다. 브루노처럼 세상에 이로운 일을 하겠다는 마음을 이 길에서 실천하기도 했고, 채프먼 부부처럼 사람들에게 찬송가를 불러주고 축복해 주는 기쁨을 나누기도 했다. 에바와 미하엘이 건강한 가족을 이루는 기적을 체험했다고 고백한 것처럼 이렇게 소원을 이루는 사람도 있었다. 그 길에는 이렇게 온갖 천사들이 각자의 분깃을 가지고 내려와 있었다.

길에서 돌아와 나를 가만히 들여다보았다. 산티아고로 떠나기 전, 나는 인간관계에서 방어적이고 가시가 돋친 사람이었다. 일적인 면에서는 자존감이 하락했고, 도전을 주저하게 되었다. 또 사랑에선 실패만 거듭해 더 이상 사랑을 못하는 사람이라고 생각했다. 카미노를 걸으면서, 나에 대한 그리고 현실에 대한 생각을 해봤자 그 고정관념에서 벗어날 수 없었을 것이다. 부정적인 생각이 꼬리에 꼬리를 물고 나를 한없이 바닥으로 끌고 내려갔을 것이다. 하지만 그 길을 걸으면서 머리는 다 비워지고 아무런 생각도 하지 못했다. 그럼에도 그 길에서 사람들이 보여준 것들로 인해 나는 분명 변했다. 방어하고 가시를 내보여도 사람들은 아랑곳없이 다가와서 다독여주고 안아주었다. 위험부담을 안고 새로운 일에 도전하는 삶을 보여주었다. 내 상처가 그리 큰 상처가 아니라는 것을 알려주었고 그로 인해 하락한 자존감도 본래부터 하락할 필요가 없었다는 것을 알려주었다. 사랑해주었고 사랑받아 마땅한 사람이라고, 행복하게 살아야 마땅한 사람이라고 말해주었다. 타고난 성격이야 변할 리 없지만 어느 순간 형성된 비뚤어진 생각들은 이들로 인해 조금씩 바로 잡혔다.

그들이 살았던 각자의 삶이, 그들의 간절한 기도가, 베풀고자 하는 마음이 나를 감동시켰고 성장하게 했다. 감사하는 마음이 생겼다. **이 길에서 사람들은 대가를 바라지 않았다. 마음이 말랑말랑했고 활짝 열려 있었으며 주지 못해 안달이었다. 혼자 길을 걸으면서**

183

자연을 보고 마음을 비웠고, 사람들과 함께 걸으면서 정말 많은 것을 배웠다. 누구에게나 있는 가장 영롱하고 찬란한 시절이 어쩌면 내 인생에서는 청춘이 아닌 이 길을 걷는 동안이었을지 모른다는 생각이 들 정도였다. 길이 끝난 후, 길에서 만났던 사람의 초청을 받아 영국에서 몇 개월 지내기도 하고, 한국여행도 했다. 여전히 서로의 나라에서 안부를 묻고 소식을 전하고 있다. 그 사람들을 생각하면 다시 힘이 나고 마음이 따뜻해진다.

이렇게 내게 살아갈 힘을 주는 또 다른 하나가 영화다. 내내 지루했던 영화라도 단 한 장면이나 대사로 큰 감동이 되기도 하고, 나와 너무 비슷한 사람들이 나오는 소소한 영화도 피식피식 웃음이 나고 재밌다. 영화를 본 후 '브라보!'를 외치고 싶은 훌륭한 영화는 말할 것도 없다. 그래서 산티아고에서의 소중한 사람들과 행복했던 기억을 영화와 함께 글로 묶어보았다.

그 길에서 만난 모든 사람, 이 행복했던 기억을 책으로 엮어 꺼내볼 수 있도록 기회를 준 소중한 친구와 88Avenue 김 대표님, 밑그림문화사 김 대표님, 그리고 지겹도록 글을 재차 읽고 함께 고민해준 김 작가님, 책이 나오도록 힘써준 황 편집자님, 디자인 색(色)팀, 그리고 나를 믿고 지켜봐준 사랑하는 가족에게 깊은 감사의 인사를 전한다.

이 길을 걷고 나서 내가 특별히 무언가를 이뤄낸 것은 아니다. 오히려 무언가 이루려는 게 문제라는 것을 알게 되었다. 그 길에서 어떠한 형용사로도 표현하기 부족한 눈부신 자연에 감탄했고, 아름다운 사람들을 만났고, 그들의 이야기를 들었다. 그것으로 충분히 차고 넘쳤다. 영화 〈앙 : 단팥 인생 이야기〉(가와세 나오미 감독)의 도쿠에 할머니의 대사를 빌어 나의 산티아고 순례 이야기를 갈무리한다.

"잊지 마. 우리는 이 세상을 위해서, 세상을 듣기 위해서 태어났어. 그러므로 특별한 무언가가 되지 못해도 우리는, 우리 각자는 살아갈 의미가 있는 존재야."

Copyright @ 2020 by Zoe. All rights reserved.
이 책에 실린 글과 그림은 저작권법에 의해 보호를 받는 저작물이므로 밀그림문화사의 허락 없이 무단으로
전재하거나 복제할 수 없습니다.